여행영어 특급패턴 101

여행영어 특급패턴 101

지은이 JD Kim
펴낸이 정규도
펴낸곳 (주)다락원

초판 1쇄 발행 2017년 10월 30일
　　6쇄 발행 2025년 12월 1일

편집 김은혜, 허윤영
디자인 ALL Contents Group
삽화 신동민

DARAKWON 경기도 파주시 문발로 211
내용문의 (02) 736-2031 내선 522
구입문의 (02) 736-2031 내선 250~251
Fax (02) 732-2037
출판 등록 1977년 9월 16일 제406-2008-000007호

COPYRIGHT © 2017, 김정동

저자 및 출판사의 허락 없이 이 책의 일부 또는 전부를 무단 복제·전재·발췌할 수 없습니다.
구입 후 철회는 회사 내규에 부합하는 경우에 가능하므로 구입처에 문의하시기 바랍니다.
분실·파손 등에 따른 소비자 피해에 대해서는 공정거래위원회에서 고시한 소비자 분쟁 해결 기준에 따라
보상 가능합니다. 잘못된 책은 바꿔 드립니다.

ISBN 978-89-277-0091-3 13740

http://www.darakwon.co.kr
다락원 홈페이지를 방문하시면 상세한 출판정보와 함께 동영상강좌, MP3자료 등 다양한 어학 정보를 얻으실 수 있습니다.

영어 걱정 없이 어디로든 떠나라!

여행영어 특급패턴 101

JD Kim 지음

DARAKWON

머리말

고등학생 때 미국으로 이민을 간 후로 미국 생활은 저에게 긴 여행과 같았습니다. 즐거움보다는 고난으로 똘똘 뭉친 여행이었죠. 입국심사를 받는데 여권 사진 찍을 때는 있던 눈가의 점이 지금은 왜 없느냐는 질문을 받았습니다. 손짓 발짓을 더해 안 되는 영어로 설명했던 아찔한 순간이었죠. 집 근처에서 길을 잃어 헤맨 적도 있고, 햄버거 하나를 사는 것도 쩔쩔맸던 기억이 나네요. 이런 경험 덕분에 일상에서나 여행지에서 영어 때문에 겪는 곤란을 누구보다 잘 이해합니다.

사실 여행이나 일상생활에 필요한 영어는 굳이 복잡하고 긴 문장일 필요가 없습니다. 잘 안 되는 영어를 길게 말할수록 듣고 있는 네이티브도 헷갈리면서 서로 의사소통이 더 어려워질 수밖에 없으니까요. 시중에 나온 여행영어 책은 이 부분을 잘 담아낸 책이 별로 없더군요. 그래서 '여행지에서 꼭 쓸 만한 내용만을 담은 여행영어 책을 만들자!'는 목표를 가지고 이 책을 쓰게 됐습니다.

단어만 말하면 영어를 못하는 것으로 비웃음을 당할까봐 억지로 문장을 만들다가 실패하고, 자신감을 잃고 집으로 돌아온 기억 있으신가요? 시간과 돈을 들여 간 여행지에서 영어를 못해 제대로 여행을 즐기지 못한다면 그것만큼 아쉬운 일이 없을 겁니다. 여행영어에서 가장 중요한 것은 자신감입니다. 아는 단어 몇 개와 손짓 발짓 즉, 보디랭귀지만 잘 활용하면 기본적인 의사소통은 되니까 너무 걱정하지 마세요.

곧 떠나야 하는 여행자들을 위해 입에 착착 붙는 패턴과 예문을 이 책에 골라 담았습니다. 여러분이 이미 알고 있는 단어들이 문장 곳곳에 들어가 있기 때문에 어렵게 느끼지 않을 겁니다. 패턴과 예문을 최대한 간소화하면서 핵심만 전달하도록 구성했습니다. 물론 여행 한 번에 이 책에 나온 내용을 다 활용할 수는 없습니다. 시간이 있다면 처음부터 끝까지 여행의 일정과 맞물려서 학습을 진행해 보세요. 실제 자신의 상황에 대입하면 학습 효과가 더 확실합니다. 당장 여행을 떠나야 한다면 미니북과 미니 강의를 활용하세요. 이런 상황일수록 패턴이 가진 장점이 빛을 발할 것입니다.

　여행만큼 영어를 반드시 사용해야 하는 필수적인 상황은 없습니다. 그래서인지 많은 학습자들이 여행을 다녀오면, 영어 공부에 대한 의욕을 불태우게 되죠. 이때를 잘 활용하면 여행영어는 물론 일상회화까지 즐겁게 공부할 수 있습니다. 이 책과 함께 평생 잊지 못할 즐거운 여행 추억도 만드시길 기원합니다.

JD Kim

이 책의 특징 — 가장 즐거운 영어 공부는 '여행'입니다!

1 이제는 여행영어도 패턴이다!

틀릴 것이 두려워 입을 떼는 것조차 힘들었던 초보 학습자, 한시가 급한 여행자들에게 영어 자신감을 불어넣어 주기에 가장 적합한 학습 방법은 바로 패턴입니다! 패턴으로 영어를 공부하면 어떻게 말을 시작해야 할지 고민할 필요가 없기 때문이죠. 일단 패턴으로 문장을 시작하고, 뒤에 필요한 내용만 붙여주면 완벽한 문장이 완성됩니다. 이 책에서 제시하는 패턴만 알면 기본적인 영어회화는 물론이고, 세계 어느 나라를 가서도 당당하게 여행을 즐길 수 있습니다.

2 기왕 하는 영어 공부, 쓸모 있게 '여행'으로 하자!

여행을 하면서 '아, 이 말을 영어로 할 수 있으면 얼마나 좋을까' 아쉬웠던 적 있으실 겁니다. 이처럼 많은 분들이 해외여행 직후에 영어 공부의 필요성을 느낍니다. 비행기를 타는 순간부터 귀국할 때까지 모든 의사소통을 영어나 현지어로 해야 하기 때문이죠. 여행 후에 영어에 대한 아쉬움이 있다면, 그 시기를 놓치지 말고 여행 상황을 소재로 영어회화를 공부하세요. 다음 여행을 가면서 공부했던 내용을 활용한다면 이보다 즐거운 영어 공부가 어디 있을까요?

3 전 세계 어딜 가도 특급패턴이면 문제없다!

일상생활은 물론 여행지에서도 활용도가 가장 높은 패턴 101개를 엄선했습니다. 각 상황마다 '꼭 말할 수밖에 없는' 중요한 예문만을 담았으니 통째로 암기하세요. 여행 상황을 떠올리며 암기하면 더 좋습니다. 쓰지 않을 구식 예문보다는 최신 여행 트렌드에 맞는 내용을 수록하였고, 상대방이 어떻게 반응할지도 상세하게 제시했습니다. 또 스스로 스피킹을 해 보는 특급훈련을 통해 여러 상황을 대비하며 영어회화 실력을 확실히 향상시킬 수 있습니다.

4 뷔페 같은 학습 자료를 활용하자!

이 책은 일반 학습용, 리스닝 연습용, 스피킹 연습용 3가지 버전의 MP3를 제공합니다. 먼저 일반 학습용으로 기본적인 내용을 익히고, 듣기나 말하기 훈련이 필요할 때는 해당 내용만 쏙쏙 뽑아 들으세요. 또한 각 파트마다 저자 직강 미니강의를 수록했으니 QR코드를 찍어 강의와 함께 공부하세요. 여행회화에서 가장 중요한 것은 대화입니다. 이 책을 다 공부한 분들은 다락원 홈페이지(darakwon.co.kr)에서 제공하는 '특급대화 플러스' 학습자료를 다운로드해서 더 풍부하게 학습하세요.

I'm a penguin!
You're a wangchobo!

스마트폰으로 QR코드를 찍으면
미니 강의를 들을 수 있어요.

스마트폰으로 QR코드를 찍으면
MP3를 들을 수 있어요.

이 책의 구성 — 패턴만 알고 응용하면 끝!

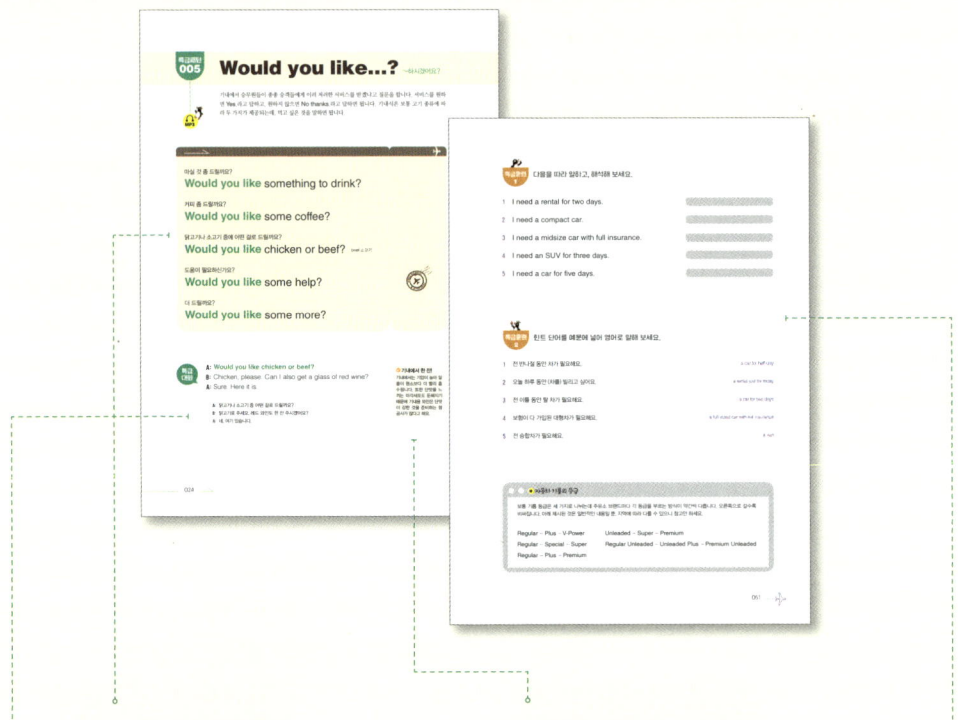

Pattern! 예문 잡기
대표 패턴이 들어간 5개의 활용도 높은 예문입니다. 문장 안에 패턴과 문법, 표현이 자연스럽게 녹아있으니 문장을 통으로 외워 보세요!

Check! 표현 잡기
좀 더 자세한 표현 설명을 실었습니다. 문화적인 내용부터 언어적인 부분까지, 자연스럽게 영어로 말할 수 있도록 다양한 내용을 담고 있으니 꼭 읽고 가세요.

Talk! 실전 잡기
배운 예문이 실제 대화에서는 어떻게 쓰이는지 확인하세요. 내가 하는 말뿐 아니라 상대방이 하는 말도 함께 배울 수 있어 더 유용합니다. 책에 다 담지 못한 특급 대화는 다락원 홈페이지(darakwon.co.kr)에서 다운로드할 수 있습니다.

Practice! 복습 잡기
배운 문장을 영어로 말해 보고, 또 반대로 우리말로 해석해 보는 쌍방향 학습을 통해 확실하게 암기하세요. 옆에 있는 예문은 컨닝 금지!

More! 단어·표현 잡기

각 상황에서 알아 두면 좋은 단어와 추가 표현을 확인하세요. 나에게 맞는 내용을 체크해 두면 실제 상황에서 활용 만점!

Listen! 리스닝 잡기

일반 학습용, 리스닝 연습용, 스피킹 연습용 3가지 버전의 MP3를 제공합니다. 필요한 버전을 골라 들으며 학습하세요. MP3는 다락원 홈페이지(darakwon.co.kr)에서 무료로 다운로드할 수 있으며 스마트폰으로 QR코드를 찍으면 곧장 MP3를 들을 수도 있습니다.

GoGo! 미니북 챙기기

특별부록 미니북은 여행지에서 꼭 쓰는 주요 표현을 한눈에 보기 쉽게 정리해서, 들고 다니기 편한 사이즈로 만들었습니다. 여행 갈 때는 이 미니북만 들고 가세요.

CONTENTS

머리말 — 004
이 책의 특징 — 006
이 책의 구성 — 008

PART 1 공항

- 특급패턴 001 Where's...? ~는 어디에 있나요? — 016
- 특급패턴 002 Can we sit...? 저희가 ~에 앉아도 될까요? — 018
- 특급패턴 003 Can I get...? ~를 주시겠어요 — 020
- 특급패턴 004 Please help me... 제가 ~하는 것을 도와주세요 — 022
- 특급패턴 005 Would you like...? ~하시겠어요? — 024
- 특급패턴 006 May I see your...? 당신의 ~를 보여주시겠어요? — 026
- 특급패턴 007 I'm here... 전 여기에 ~ 하러 왔습니다 — 028
- 특급패턴 008 I'm staying at... 전 ~에 머물 거예요 — 030

MORE 단어와 표현 — 032
SPECIAL STORY 1 화장실 — 035

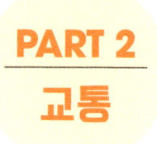

PART 2 교통

- 특급패턴 009 Take me to... 저를 ~로 데려다주세요 — 038
- 특급패턴 010 장소, please. ~로 가 주세요 — 040
- 특급패턴 011 Let me get off... 저를 ~에 내려 주세요 — 042
- 특급패턴 012 Are you going to...? 이 차는 ~로 가나요? — 044
- 특급패턴 013 How much is...? ~는 얼마인가요? — 046
- 특급패턴 014 How long does it take to get to...? ~까지 가는데 얼마나 걸리나요? — 048
- 특급패턴 015 I need... 전 ~가 필요해요 — 050

MORE 단어와 표현 — 052
SPECIAL STORY 2 호텔 — 055

PART 3 호텔

- 특급패턴 016 I made a reservation... 전 ~를 예약했습니다 — 058
- 특급패턴 017 I want... 전 ~를 원해요 — 060
- 특급패턴 018 This is Room... I need... 여기 ~호인데요. ~가 필요합니다 — 062
- 특급패턴 019 My... is not working. 제 방의 ~가 작동이 안 돼요 — 064

특급패턴 020	Something's wrong with... ~가 좀 이상해요 — 066
특급패턴 021	There's no... ~가 없어요 — 068
특급패턴 022	What time...? ~는 몇 시인가요? — 070
특급패턴 023	Do you have...? ~가 있나요? — 072

MORE 단어와 표현 — 074
SPECIAL STORY 3 호텔 조식 — 078
SPECIAL STORY 4 팁 — 079

PART 4 관광

특급패턴 024	Are there any... around...? 혹시 ~ 주변에 ~가 있나요? — 082
특급패턴 025	Can I ask...? ~를 물어봐도 될까요? — 084
특급패턴 026	Are you –ing...? 당신은 ~할 건가요? — 086
특급패턴 027	What time does...? ~는 몇 시인가요? — 088
특급패턴 028	What time is the next...? 다음 ~는 몇 시인가요? — 090
특급패턴 029	Where can I...? ~는 어디서 할 수 있나요? — 092
특급패턴 030	Can you...? ~해 주시겠어요? — 094
특급패턴 031	Can I use...? 제가 ~를 써도 될까요? — 096
특급패턴 032	Do you mind if I...? 제가 ~해도 괜찮을까요? — 098
특급패턴 033	How much do you charge for...? ~는 얼마인가요? — 100

MORE 단어와 표현 — 102
SPECIAL STORY 5 호칭 — 105

PART 5 거리

특급패턴 034	Where's...? ~는 어디에 있나요? — 108
특급패턴 035	Is there... nearby? 이 근처에 ~가 있나요? — 110
특급패턴 036	I'm trying to... 전 ~하려고 하는데요 — 112
특급패턴 037	Which way is it to...? ~는 어느 쪽인가요? — 114
특급패턴 038	How can I get to...? ~에 어떻게 가나요? — 116
특급패턴 039	How far is...? ~는 얼마나 먼가요? — 118
특급패턴 040	Take a... ~쪽으로 꺾으세요 — 120
특급패턴 041	When you see+장소, turn... ~가 보이면 ~ 방향으로 가세요 — 122
특급패턴 042	Keep going straight... ~ 계속 쭉 가세요 — 124
특급패턴 043	You mean...? ~라는 말인가요? — 126
특급패턴 044	Is this...? 여기가 ~인가요? — 128

MORE 단어와 표현 — 130
SPECIAL STORY 6 카페 — 132

PART 6 식당

특급패턴 045	For+숫자... 몇 명이에요 — 136
특급패턴 046	How long...? 얼마나 ~? — 138
특급패턴 047	Is ...okay? ~ 괜찮으세요? — 140
특급패턴 048	I can't eat... 전 ~를 못 먹어요 — 142
특급패턴 049	It's... 그건 ~예요 — 144
특급패턴 050	What kind of... is this? 이건 어떤 ~인가요? — 146
특급패턴 051	How's this...? 이 ~는 어때요? — 148
특급패턴 052	What's...? ~는 뭐가 있나요? — 150
특급패턴 053	Any...? 어떤 ~ 있나요? — 152
특급패턴 054	I'll have... 전 ~로 할게요 — 154
특급패턴 055	음식, please. ~ 주세요 — 156
특급패턴 056	Let me get... ~ 주세요 — 158
특급패턴 057	No 재료, please. ~는 빼 주세요 — 160
특급패턴 058	It tastes... 맛이 ~네요 — 162
특급패턴 059	What's the name of...? ~는 이름이 뭔가요? — 164
특급패턴 060	Would you like...? ~하시겠어요? — 166
특급패턴 061	Do you want me to...? 제가 ~해 드릴까요? — 168
특급패턴 062	Do you need...? ~ 필요하세요? — 170
특급패턴 063	Can you...? ~해 주실래요? — 172
특급패턴 064	Can I get...? 저에게 ~를 주시겠어요? — 174
특급패턴 065	You can... ~해 주세요 — 176
특급패턴 066	I think I got the wrong... 잘못 ~한 것 같아요 — 178
특급패턴 067	Can I pay...? ~로 계산해도 되나요? — 180
특급패턴 068	Sorry, we... 죄송합니다만, 저희는... — 182

MORE 단어와 표현 — 184
SPECIAL STORY 7 고기 — 189

PART 7 쇼핑

특급패턴 069	What... are you looking for? 무슨 ~를 찾으시나요? — 192
특급패턴 070	I'm looking for... 전 ~를 찾고 있어요 — 194
특급패턴 071	Do you carry...? ~가 있나요? — 196
특급패턴 072	Do you have...? ~가 있나요? — 198
특급패턴 073	Which one is...? 어느 것이 ~인가요? — 200
특급패턴 074	Which... do you recommend...? 어떤 ~를 추천하세요? — 202
특급패턴 075	Is it...? 그거 ~인가요? — 204
특급패턴 076	How about...? ~는 어때요? — 206

특급패턴 077	I don't know... ~를 모르겠어요 — 208
특급패턴 078	Let me... ~할게요 — 210
특급패턴 079	I thought this was... 전 이게 ~라고 생각했어요 — 212
특급패턴 080	This/That one... 이거/저거요 — 214
특급패턴 081	I'd like to... ~하고 싶어요 — 216
특급패턴 082	Can I try...? ~해 볼 수 있나요? — 218
특급패턴 083	It's a little... 조금 ~해요 — 220
특급패턴 084	What if I...? 만약 제가 ~하면요? — 222
특급패턴 085	I'll take... ~살게요 — 224

MORE 단어와 표현 — 226
SPECIAL STORY 8 계란 — 228
SPECIAL STORY 9 쇼핑 — 229

PART 8 대화

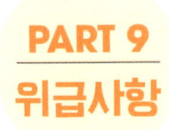

특급패턴 086	I'm... 난 ~야 — 232
특급패턴 087	I'm not... 난 ~가 아니야 — 234
특급패턴 088	Are you from...? 넌 ~에서 왔어? — 236
특급패턴 089	I mean, ... 아, 그러니까... — 238
특급패턴 090	How's the weather...? ~ 날씨는 어때요? — 240
특급패턴 091	How do I...? 어떻게 ~하나요? — 242
특급패턴 092	I'll... 제가 ~할게요 — 244
특급패턴 093	Give me... ~주세요 — 246

MORE 단어와 표현 — 248
SPECIAL STORY 10 술집 — 250

PART 9 위급사항

특급패턴 094	I have 병명 ~가 아파요 — 254
특급패턴 095	I feel... 몸 상태가 ~해요 — 256
특급패턴 096	I can't... 전 ~할 수가 없어요 — 258
특급패턴 097	Do you have something for...? ~한 것 있나요? — 260
특급패턴 098	Do I take this...? 이건 ~복용하나요? — 262
특급패턴 099	What do you mean...? ~가 무슨 말이에요? — 264
특급패턴 100	Why is...? 왜 ~한가요? — 266
특급패턴 101	I lost my... 제 ~를 잃어버렸어요 — 268

MORE 단어와 표현 — 270
SPECIAL STORY 11 감사 — 272

1. Where's...? ~는 어디에 있나요?
2. Can we sit...? 저희가 ~에 앉아도 될까요?
3. Can I get...? ~를 주시겠어요?
4. Please help me... 제가 ~하는 것을 도와주세요

5. Would you like...? ~하시겠어요?
6. May I see your...? 당신의 ~를 보여 주시겠어요?
7. I'm here... 전 여기에 ~하러 왔습니다
8. I'm staying at... 전 ~에 머물 거예요

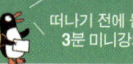

떠나기 전에 듣는
3분 미니강의

PART 1 공항

여행영어 특급패턴101

특급패턴 001

Where's...? ~는 어디에 있나요?

길만 잘 찾아도 여행의 고생은 반으로 줄어듭니다. 구조가 복잡하고 사람이 많은 공항에서는 길을 잃기 쉬우니 Where is...?(~는 어디에 있나요?)의 줄임말인 Where's...? 패턴으로 가고자 하는 위치를 물어보고 이동하세요.

아메리칸 항공은 어디에 있나요?
Where's American Airline? airline 항공사

면세점은 어디에 있나요?
Where's the duty-free shop? duty-free shop 면세점

수하물 찾는 곳은 어디에 있나요?
Where's baggage claim? baggage claim 수하물 찾는 곳

🔸 **수하물 찾는 곳**
수하물 컨베이어 벨트를 뜻하는 단어인 carousel[캐러셀]을 baggage claim처럼 '수하물 찾는 곳'이라는 뜻으로도 씁니다.

21번 탑승구는 어디에 있나요?
Where's Gate 21?

화장실은 어디에 있나요?
Where's the restroom?

A: Excuse me. **Where's the duty-free shop?**
B: It's right behind that help desk over there.
A: Thank you.

    A: 죄송한데, 면세점은 어디에 있나요?
    B: 저기 안내 창구 바로 뒤에 있어요.
    A: 감사합니다.

🔸 **last call**
공항에서 방송으로 마지막 탑승 안내를 하는 것을 last call이나 final call이라고 합니다. 이 방송을 듣고도 아직 비행기에 타지 않았다면 서두르세요!

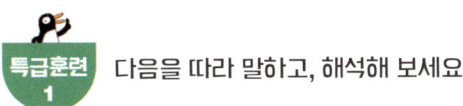 다음을 따라 말하고, 해석해 보세요.

1 Where's the duty-free shop?
2 Where's the restroom?
3 Where's American Airline?
4 Where's baggage claim?
5 Where's Gate 21?

 힌트 단어를 예문에 넣어 영어로 말해 보세요.

1 출국장은 어디에 있나요?   the departure lounge
2 항공사 라운지는 어디에 있나요?   the airport lounge
3 세금 환급소는 어디에 있나요?   the tax refund counter
4 분실물 보관소는 어디에 있나요?   lost and found
5 흡연 구역은 어디에 있나요?   the smoking area

★ 여행의 동반자, 캐리어

캐리어 색이 눈에 띄거나 표식이 있으면 수하물을 찾을 때 편합니다.
이름표(name tag)나 커버(cover)를 활용해서 캐리어를 꾸며 보세요.

기내용 수하물   수하물 허용치
carry-on baggage   baggage allowance

캐리어를 꾸며 보자!

특급패턴 002

Can we sit...? 저희가 ~에 앉아도 될까요?

비어 있는 자리에 앉아도 되는지 물어볼 때 이 패턴을 써 보세요. 혼자 여행하는 경우에는 주어가 I가 되지만, 일행이 있다면 주어를 we라고 해야 합니다.

저희가 대신 여기에 앉아도 될까요?
Can we sit here instead? instead 대신에

저희가 저쪽에 앉아도 될까요?
Can we sit over there? over there (먼 곳을 가리킬 때) 저쪽

저희 다른 곳에 앉아도 될까요?
Can we sit somewhere else?
somewhere else 어딘가 다른 곳에

제가 창가에 앉아도 될까요?
Can I sit by the window?

제가 당신의 옆에 앉아도 될까요?
Can I sit next to you? next to ~바로 옆에

🔸 비행기 좌석 등급
아래로 내려갈수록 비싼 좌석입니다.

일반석
economy class

비즈니스 클래스
business class

1등석
first class

특급 대화

A: No one's sitting here. **Can we sit here instead?**
B: Of course you can.
A: Thank you.

A: 여기 자리가 비었네요. 저희가 대신 여기 앉아도 될까요?
B: 네, 그러세요.
A: 감사합니다.

특급훈련 1
다음을 따라 말하고, 해석해 보세요.

1. Can we sit somewhere else?
2. Can I sit by the window?
3. Can we sit over there?
4. Can we sit here instead?
5. Can I sit next to you?

특급훈련 2
힌트 단어를 예문에 넣어 영어로 말해 보세요.

1. 저희가 대신 저기에 앉아도 될까요? — there instead
2. 저희가 여기에 앉아도 될까요? — here
3. 저희 같이 좀 앉을 수 있을까요? — together
4. 제가 앞쪽에 앉아도 될까요? — in front
5. 제가 뒤에 앉아도 될까요? — in the back

★ 자리 좀 바꿔 주실래요?

자리를 바꿔달라고 부탁할 때는 일행이 없더라도 주어를 we로 써야 합니다. 상대방과 내가 함께 자리를 이동하는 것이기 때문이죠.

A: Can we switch seats?
B: Sorry, but I'd rather sit here.
A: It's okay. Thanks anyway.

A: 자리 좀 바꿔주실 수 있나요?
B: 미안해요, 전 여기 앉을래요.
A: 괜찮아요. 아무튼 감사해요.

특급패턴 003

Can I get...? ~를 주시겠어요?

Can I get...?은 '제가 ~를 받을 수 있을까요?'라는 뜻으로 상대방에게 필요한 물건이나 음식 등을 요청하는 말입니다. 한국어로는 '~를 주시겠어요?'라고 해석하는 게 자연스럽습니다. Can you give me...?나 May I have...?도 같은 뜻입니다.

담요를 하나 더 주시겠어요?
Can I get an extra blanket? extra 추가의 blanket 담요

세관신고서 좀 주시겠어요?
Can I get a customs form?
customs (declaration) form 세관신고서

아스피린 좀 주시겠어요?
Can I get some aspirin? aspirin 해열진통제

물 좀 주시겠어요?
Can I get some water?

비상구 자리로 주시겠어요?
Can I get a seat next to the emergency exit? emergency exit 비상구

세관신고서
세관신고서의 정식 명칭은 customs declaration form인데 declaration을 생략하고 말해도 의미가 통합니다.

특급대화

A: Excuse me. **Can I get some aspirin?** I have a headache. headache 두통
B: Is Tylenol okay?
A: Sure.
B: Okay. I'll be right back with it. be right back 금방 돌아오다

A: 죄송한데, 아스피린 좀 받을 수 있을까요? 머리가 아파서요.
B: 타이레놀도 괜찮으세요?
A: 네.
B: 곧 가져다 드릴게요.

특급훈련 1 다음을 따라 말하고, 해석해 보세요.

1. Can I get some water?
2. Can I get an extra blanket?
3. Can I get some aspirin?
4. Can I get a seat next to the emergency exit?
5. Can I get a customs form?

특급훈련 2 힌트 단어를 예문에 넣어 영어로 말해 보세요.

1. 베개를 하나 더 주시겠어요? *an extra pillow*
2. 헤드폰 좀 주시겠어요? *headphones [earbuds]*
3. 펜 좀 주시겠어요? *a pen*
4. 물수건 좀 주시겠어요? *a wet towel*
5. 슬리퍼 좀 주시겠어요? *slippers*

⭐ **비행 중에 몸이 아프다면**

기내에는 간단한 상비약이 구비되어 있습니다. 승무원에게 아픈 부위를 말해도 되고, 애드빌(Advil)이나 타이레놀(Tylenol) 같이 세계적으로 유명한 약은 브랜드 이름을 말하면 비슷한 약을 가져다 줄 거예요. 다만 감기약을 포함해 부작용이 발생할 수 있거나 의사의 처방이 필요한 약은 제공하지 않으니 주의하세요.

Please help me...
제가 ~하는 것을 도와주세요

도움을 요청할 때 가장 대표적인 동사인 help가 들어간 패턴입니다. 일행이 있다면 me를 us라고 바꾸면 됩니다. Please help me... 뒤에는 동사원형이나 to+동사원형이 올 수 있습니다.

저 이것 좀 도와주세요.
Please help me with this.

위쪽 칸에 제 가방 넣는 것 좀 도와주세요.
Please help me put my bag in the overhead compartment. _{put something in ~를 들여놓다 overhead 머리 위의 compartment 칸}

제 자리 찾는 것 좀 도와주세요.
Please help me find my seat. _{find 찾다}

저 이거 작성하는 것 좀 도와주세요.
Please help me fill this out. _{fill out 작성하다}

제 식판 접는 것 좀 도와주세요.
Please help me stow my food tray. _{stow 집어넣다 food tray 식판}

A: Excuse me. I need some help.
B: Sure. What can I do for you?
A: Please help me fill this out.
B: No problem.

A: 저기, 도움이 좀 필요해서요.
B: 네, 어떤 걸 도와 드릴까요?
A: 저 이거 작성하는 것 좀 도와주세요.
B: 물론이죠.

 아차, 펜!
기내에서는 세관신고서나 입국신고서 같은 걸 쓸 일이 종종 있습니다. 만약 펜이 없다면 옆사람이나 승무원에게 빌려도 됩니다.

펜 좀 빌려주실래요?
Can I borrow your pen?

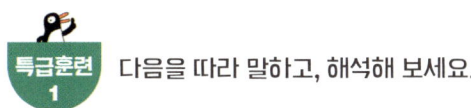 다음을 따라 말하고, 해석해 보세요.

1. Please help me put my bag in the overhead compartment.
2. Please help me stow my food tray.
3. Please help me find my seat.
4. Please help me with this.
5. Please help me fill this out.

 힌트 단어를 예문에 넣어 영어로 말해 보세요.

1. 가방 찾는 것 좀 도와주세요.   *find my bag*
2. 위쪽 칸에서 제 가방 꺼내는 것 좀 도와주세요.   *take my bag out of the overhead compartment*
3. 7번 탑승구 찾는 것 좀 도와주세요.   *find Gate 7*
4. 이 셀프 체크인 기계 사용하는 것 좀 도와주세요.   *use this self check-in kiosk*
5. 저 환승하는 것 좀 도와주세요.   *transfer*

★ 혼자서 표를 살 수 있는 자동판매기

최근 공항에는 셀프 체크인을 할 수 있는 기계가 많이 보급되어 있습니다. 또 지하철역에도 역무원이 없이 승객이 혼자서 표를 살 수 있는 기계도 많이 보이죠. 이런 무인 주문시스템이나 이동형 매장을 kiosk [키오스크]라고 합니다. 사용법을 모른다면 주변 직원에게 문의하세요.

이 판매대 이용하는 법을 모르겠어요.
◎ I don't know how to use this kiosk.

이 기계에서 제 표가 안 나와요.
◎ This kiosk isn't giving me my ticket.

Would you like...? ~하시겠어요?

기내에서 승무원들이 종종 승객들에게 이러 저러한 서비스를 받겠냐고 질문을 합니다. 서비스를 원하면 **Yes.**라고 답하고, 원하지 않으면 **No thanks.**라고 답하면 됩니다. 기내식은 보통 고기 종류에 따라 두 가지가 제공되는데, 먹고 싶은 것을 말하면 됩니다.

마실 것 좀 드릴까요?
Would you like something to drink?

커피 좀 드릴까요?
Would you like some coffee?

닭고기나 소고기 중에 어떤 걸로 드릴까요?
Would you like chicken or beef?   beef 소고기

도움이 필요하신가요?
Would you like some help?

더 드릴까요?
Would you like some more?

A: Would you like chicken or beef?
B: Chicken, please. Can I also get a glass of red wine?
A: Sure. Here it is.

A: 닭고기나 소고기 중 어떤 걸로 드릴까요?
B: 닭고기로 주세요. 레드 와인도 한 잔 주시겠어요?
A: 네, 여기 있습니다.

🛫 **기내에서 한 잔!**
기내에서는 기압이 높아 알콜이 평소보다 더 빨리 흡수됩니다. 또한 단맛을 느끼는 미각세포도 둔해지기 때문에 기내용 와인은 단맛이 강한 것을 준비하는 항공사가 많다고 해요.

특급훈련 1

다음을 따라 말하고, 해석해 보세요.

1. Would you like some coffee?
2. Would you like some help?
3. Would you like something to drink?
4. Would you like some more?
5. Would you like chicken or beef?

특급훈련 2

힌트 단어를 예문에 넣어 영어로 말해 보세요.

1. 차 좀 드릴까요? — some tea
2. 물 좀 드릴까요? — some water
3. 레드 와인과 화이트 와인 중에 어떤 걸로 드릴까요? — red wine or white wine
4. 다른 게 필요하신가요? — anything else
5. 간식을 좀 드릴까요? — some snacks

★ 맛있는 기내식

기내식은 주로 두세 가지 종류 중에서 고를 수 있습니다. 또 출발 전에 기내식을 미리 신청할 수도 있어요. 항공사에 따라 채식 위주의 식단이나 죽, 과일 등을 선택할 수 있으니 참고하세요.

- 채식: vegetarian meal
- 유동식: liquid meal
- 어린이 메뉴: children's meal

특급패턴 006

May I see your...?
당신의 ~를 보여 주시겠어요?

승무원이 승객에게 여권이나 탑승권을 보여달라고 할 때 자주 쓰는 패턴입니다. **May**가 아니라 **Could**나 **Can**으로도 물어볼 수 있습니다. '당신의' 여권이나 탑승권을 보여달라는 거니까 **your**를 붙이는 것 잊지 마세요.

손님의 탑승권을 볼 수 있을까요?
May I see your boarding pass? boarding pass 탑승권

당신의 여권을 좀 볼 수 있을까요?
May I see your passport? passport 여권

당신의 좌석 번호를 볼 수 있을까요?
May I see your seat number?

손님의 예약 번호를 볼 수 있을까요?
May I see your reservation number?
reservation number 예약 번호

손님의 표를 보여 주시겠어요?
May I see your ticket?

● 여긴 내 자리인데?
내 자리에 누군가가 앉아 있다면 이렇게 말하고 자리를 지키세요.

죄송한데, 제 자리에 앉아 계신 거 같아요.
I'm sorry. I think you're in my seat.

실례지만, 여긴 제 자리입니다.
Excuse me. I think this is my seat.

특급대화

A: May I see your boarding pass?
B: Here you go.
A: Thank you. Enjoy your trip. trip 여행
B: Thanks.

A: 탑승권 보여 주시겠습니까?
B: 여기 있습니다.
A: 감사합니다. 즐거운 여행 되세요.
B: 감사합니다.

● 여기 있어요.
Here.
Here it is.
Here you are.
Here you go.
There you go.

특급훈련 1 다음을 따라 말하고, 해석해 보세요.

1. May I see your reservation number?
2. May I see your seat number?
3. May I see your passport?
4. May I see your boarding pass?
5. May I see your ticket?

특급훈련 2 힌트 단어를 예문에 넣어 영어로 말해 보세요.

1. 손님의 탑승권을 볼 수 있을까요?   옆을 보지 말고, 외워서 말해 보세요.
2. 당신의 신분증을 볼 수 있을까요?   ID
3. 당신의 가방을 볼 수 있을까요?   bag
4. 손님의 예약 번호를 볼 수 있을까요?   옆을 보지 말고, 외워서 말해 보세요.
5. 당신의 허가증을 좀 볼 수 있을까요?   permit

★ 여기가 내 자리인가, 저기가 내 자리인가

공연장이나 극장처럼 어두운 곳은 좌석 번호를 찾기 어렵습니다.
그럴 때는 먼저 앉아 있는 관객에게 좌석 번호를 물어보세요.

당신 자리는 몇 번인가요?
◎ What is your seat number?

I'm here... 전 여기에 ~하러 왔습니다

입국심사에서 What's the purpose of your visit?(당신의 방문 목적은 무엇입니까?)라는 질문 받았을 때 답할 수 있는 패턴이 I'm here...입니다. I'm here... 뒤에 어떤 내용이 나오느냐에 따라 on/for/to 중에 골라서 쓸 수 있습니다. 여행 목적을 말할 때 가장 많이 쓰는 것은 on이고, to는 보다 구체적으로 방문 목적을 설명할 때 주로 씁니다. I'm here to attend a business meeting.(전 비즈니스 미팅에 참석하러 왔어요.)처럼요.

전 일 때문에 여기에 왔어요.
I'm here on business. business 사업, 일

전 여기서 휴가를 보내려고 왔어요.
I'm here on vacation. vacation 휴가, 방학

전 여기에 신혼여행을 왔어요.
I'm here on my honeymoon. honeymoon 신혼여행

전 여기 놀러 왔어요.
I'm here for pleasure. pleasure 즐거움; 즐거움을 위해 하는 활동

전 부모님을 만나러 왔어요.
I'm here to visit my parents. visit 방문하다

A: What's the purpose of your visit?
B: I'm here on vacation.
A: How long will you be staying?
B: For five days.

A: 방문 목적이 어떻게 되시죠?
B: 휴가를 보내려고 왔어요.
A: 얼마나 머무를 예정인가요?
B: 5일이요.

긴장되는 입국심사

입국심사가 까다로운 나라가 많긴 하지만 묻는 말에만 정확히 대답한다면 금방 통과됩니다. I'm here...패턴이 떠오르지 않으면 "Business."처럼 방문 목적을 단어로만 답해도 되니 걱정하지 마세요.

특급훈련 1 다음을 따라 말하고, 해석해 보세요.

1 I'm here on vacation.
2 I'm here on business.
3 I'm here for pleasure.
4 I'm here to visit my parents.
5 I'm here on my honeymoon.

특급훈련 2 힌트 단어를 예문에 넣어 영어로 말해 보세요.

1 전 일 때문에 여기에 왔어요. *옆을 보지 말고, 외워서 말해 보세요.*
2 전 여기서 휴가를 보내려고 왔어요. *옆을 보지 말고, 외워서 말해 보세요.*
3 전 여기에 신혼 여행을 왔어요. *옆을 보지 말고, 외워서 말해 보세요.*
4 전 관광을 하러 여기에 왔어요. for sightseeing
5 전 제 친구를 만나러 왔어요. to see my friend

★ 입국심사 전에 준비하세요

여권 passport
세관신고서 customs declaration form
여행허가증 travel document

비자(입국 허가증) visa
입국신고서 immigration card
돌아오는 표 return ticket

특급패턴 008

I'm staying at... 전 ~에 머물 거예요

입국심사에서 Where will you be staying?이나 Where are you staying?이라는 질문을 받을 겁니다. 여기서 stay는 '머무르다' 또는 '묵다'라는 의미이고, 앞으로 어디서 묵을 건지 묻는 말이에요. 참고로 be동사+ing는 상황에 따라 미래를 나타낼 수도 있습니다. 그래서 I'm staying at... 패턴이 '~에 머물 것이다'라는 뜻으로 해석되는 것이죠.

전 힐튼 호텔에 묵을 거예요.
I'm staying at the Hilton Hotel.

전 JD 유스호스텔에 묵을 거예요.
I'm staying at the JD Youth Hostel.

전 대학교 기숙사에 머무를 거예요.
I'm staying at a college dorm. dorm 기숙사

전 친척 집에 있을 거예요.
I'm staying at my relative's house. relative 친척

전 퀸즈에 있는 친구 집에 머무를 거예요.
I'm staying at my friend's place in Queens. place 집; 장소

특급대화

A: Where are you staying?
B: I'm staying at my friend's place in Queens.
A: Do you have your friend's address?
B: I do. Here you go.

A: 어디에서 머무르실 건가요?
B: 퀸즈에 있는 친구 집에 머무를 거예요.
A: 친구 주소를 가지고 있나요?
B: 네, 여기요.

저 수상한 사람 아니에요.

특급훈련 1 — 다음을 따라 말하고, 해석해 보세요.

1 I'm staying at a college dorm.
2 I'm staying at the Hilton Hotel.
3 I'm staying at my relative's house.
4 I'm staying at the JD Youth Hostel.
5 I'm staying at my friend's place in Queens.

특급훈련 2 — 힌트 단어를 예문에 넣어 영어로 말해 보세요.

1 전 포시즌스 호텔에 머무를 거예요. — the Four Seasons Hotel
2 전 JJ 게스트 하우스에 묵을 거예요. — the JJ Guest House
3 전 쉐라톤 호텔에 머무를 거예요. — the Sheraton Hotel
4 전 회사 동료 집에 머무를 거예요. — my coworker's house
5 전 보스톤에 있는 아들 집에 머무를 거예요. — my son's place in Boston

★ 입국심사 받을 땐 숙소를 정확히 말하자!

입국심사를 받을 때 숙소를 애매하게 말하면 불법 체류를 의심받을 수 있으니 자신이 머무르는 곳 이름과 주소를 제대로 알아두는 게 좋습니다. 만일을 대비해 숙소 예약 정보도 준비해 두세요. 가족이나 친구를 보러 왔다고 해도 의심하는 경우가 있으니 미리 추가 질문에 대비하는 것이 좋습니다.

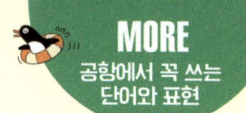

MORE 공항에서 꼭 쓰는 단어와 표현

공항 표지판

출국, 출발 departures
입국, 도착 arrivals
출입국 관리 immigration
세관 customs
수하물 찾는 곳 baggage claim [carousel]
환전 currency exchange
국내선 domestic flights
국제선 international (connecting) flights
환승 transfer
경유 layover [stopover]
안내데스크 information desk
셀프 체크인 기계 check-in kiosk

발권

탑승 시각 boarding time
통로 좌석 aisle seat
창가 좌석 window seat
편도 one-way
왕복 round trip
왕복표 round-trip ticket [return ticket(영국)]

기내

승무원 flight attendant
열, 줄 row
비상구 emergency exit
짐 칸 overhead compartment
안전벨트 seatbelt
화장실 lavatory

신분증

여권 passport
신분증 identification(ID)
운전 면허증 driver's license
국제 운전 면허증 intenational driver's license

입국심사

입국 신고서 immigration card
성 family [last] name, surname
이름 first [given] name
성별 sex
남성(M에 체크) male
여성(F에 체크) female
생년월일 date of birth
출생 국가 country of birth
국적 nationality
시민권 citizenship
직업 occupation
여권 번호 passport number
여권 발행 관청 place of issue
체류 기간 length of stay
마지막 출발 지역 port of last departure
서명 signature
연락 가능한 주소 contact address
도착 비행기 편명 arrival flight
여행 허가증 travel document
비자(입국 허가증) visa
패키지 여행 package tour
친척 relative
엄지손가락 thumb
지문 fingerprint

발권하기

좌석은 통로나 창가 어느 쪽으로 드릴까요?
Would you like an aisle seat or a window seat?

비상구 옆 자리 있나요?
Do you have a seat next to the emergency exit?

통로 좌석으로 주세요.
An aisle seat, please.

전부 일행이신가요?
Are you guys all together?

자리가 아직 남았나요?
Do you still have seats available?

죄송하지만, 제가 먼저 가도 될까요?
30분 후에 제 비행기가 출발해서요.
Excuse me. Can I go first?
My flight leaves in 30 minutes.

짐 부치기

부치실 짐 있으세요?
Are you checking any bags?

저울에 가방을 올려주세요.
Please place your bag on the scale.

가방은 몇 킬로그램이나 부칠 수 있죠?
How many kilos of luggage can I check in?

무게가 초과된 수하물은 요금을 얼마나 내야 하나요?
How much do you charge for overweight bags?

2킬로그램 초과입니다.
Your bag is 2kg overweight.

제가 디트로이트에서 환승을 하는데요.
가방은 거기서 찾아야 하나요?
I have a stopover in Detroit.
Do I need to pick up my bag there?

제 짐이 비행기랑 같이 도착을 안 했네요.
My bags didn't arrive with my flight.

공항 검색대

노트북을 가방에서 꺼내야 하나요?
Do I need to take my laptop out of the bag?

주머니에 열쇠나 휴대폰, 잔돈 같은 거 가지고 계신가요?
Do you have anything in your pockets – keys, cell phone, loose change?

뒤로 물러나 주세요.
Please step back.

공항 안내 방송

시카고행 아시아나 항공 710기가 지금 탑승을 시작했습니다.
Asiana Airlines Flight 710 to Chicago is now boarding.

탑승구가 변경되었습니다.
There has been a gate change.

제니 김 승객님, 11번 탑승구에 있는 아시아나 항공 데스크로 와 주시기 바랍니다.
Passenger Jenny Kim, please proceed to the Asiana Airlines desk at Gate 11.

기내

우리 서로 자리를 바꿀 수 있을까요?
Can we switch seats?

영화 화면이 안 나와요.
My movie screen has no picture.

비행 주의사항

노트북, 휴대폰 같은 개인 전자기기는 모두 꺼 주시기 바랍니다.
Please turn off all personal electronic devices, including laptops and cell phones.

손님, 안전벨트를 착용해 주십시오.
Sir, please fasten your seatbelt.

의자 등받이를 올려 주십시오.
Please put your seat back up.

창문 덮개를 열어 주십시오.
Please pull up the window shade.

좌석 아래에 구명조끼가 있습니다.
You can find the life vest under your seat.

기내식

음료는 무엇으로 하시겠어요?
What would you like to drink?

커피나 차를 드시겠어요?
Would you like some coffee or tea?

제가 치워드릴게요.
Let me take that away for you.

뜨거우니 조심하세요.
Please be careful. It's hot.

전 소고기로 할게요.
I'll have the beef.

탄산음료는 어떤 걸로 하시겠어요?
What kind of soda do you have?

다이어트 콜라로 주시고 얼음은 빼 주세요.
A diet Pepsi, no ice, please.

한 병을 받을 수 있나요?
Can I have the bottle?

입국심사

신고할 거 있으신가요?
Do you have anything to declare?

이 여행 가방을 열어 주시겠어요?
Could you open this suitcase for me?

혼자 여행하시는 건가요?
Are you traveling alone?

전에 여기 온 적 있으신가요?
Have you ever been here before?

뉴욕 어디에서 머무르실 건가요?
Where will you be staying in New York?

여기에 아는 사람이 살고 있나요?
Do you know anybody who lives here?

카메라를 봐 주세요.
Look at the camera.

한 사람씩 와 주세요.
One person at a time, please.

화면에 엄지손가락을 대 주세요.
Place your thumb on the screen.

비행기는 어디서 타고 오시는 건가요?
Where are you flying in from?

ESTA 보여 주시겠어요?
Do you have your ESTA?

ESTA는 미국 비자를 대신한 '전자여행허가'를 뜻합니다.

호텔 예약 내역 좀 보여 주실래요?
Can I see your hotel reservation?

환전

여기 환율 확인하세요.
Please check today's exchange rate.

이 지폐를 잔돈으로 바꿔 주실 수 있나요?
Can you break this bill for me?

어디에 가면 환전을 할 수 있을까요?
Where can I exchange money?

화장실

이름은 달라도 용도는 같아요!

공동 화장실

bathroom
bath(목욕)+room(방)의 합성어로, 주로 샤워할 수 있는 시설이 함께 있는 화장실을 말합니다. 최근에는 형태와 상관없이 일반적으로 화장실을 말할 때 bathroom이라고 합니다. 단, 영국에서는 화장실에 샤워 시설이나 욕조가 있어야만 bathroom이라고 해요.

restroom
생리현상을 해결하면 몸이 편해지기 때문에 rest(쉬다)가 화장실을 에둘러서 표현하는 단어가 되었습니다. 미국에서 생긴 표현으로 일반 공공장소에 있는 화장실을 가리킵니다. 영국에서는 restroom을 잘 쓰지 않고, 주로 toilet, lavatory, water closet(W.C.)이라고 하며, 캐나다에서는 화장실을 주로 washroom이라고 합니다.

toilet
주로 영국, 호주, 홍콩 등에서 씁니다.
영국에서는 구어체로 loo(루)라고도 합니다.
참고로 toilet은 변기 자체를 가리키기도 합니다.

lavatory
비행기 화장실을 lavatory 라고 합니다.

남자 화장실

men's room
little boys' room
urinal [유뤼널] 남자 화장실에 있는 소변기를 가리킵니다.

여자 화장실

ladies' room [women's room]
little girls' room
powder room [파우더룸] 화장실이자 화장을 고치는 곳이라는 의미입니다.

9 Take me to... 저를 ~로 데려다주세요
10 장소, please. ~로 가 주세요
11 Let me get off... 저를 ~에 내려 주세요
12 Are you going to...? 이 차는 ~로 가나요?

13 How much is...? ~는 얼마인가요?
14 How long does it take to get to...? ~까지 가는데 얼마나 걸리나요?
15 I need... 전 ~가 필요해요

떠나기 전에 듣는
3분 미니강의

PART 2 교통

Take me to... 저를 ~로 데려다주세요

take는 '가져가다', '데려가다'라는 뜻이 있습니다. 그래서 Take me to...라고 하면 '저를 ~로 데려다 주세요' 즉, '~로 가 주세요'라는 말이 됩니다. 더 정중히 말하고 싶다면 앞에 please를 붙여 Please take me to...라고 하면 됩니다.

저를 하얏트 호텔로 데려다주세요.
Take me to the Hyatt Hotel.

저를 이 주소로 데려다주세요.
Take me to this address. <small>address 주소</small>

저를 공항으로 데려다주세요.
Take me to the airport.

저를 지하철역으로 데려다주세요.
Take me to the subway station. <small>subway station 지하철역</small>

저를 메리 백화점 근처로 데려다주세요.
Take me near to the Merry Department Store.
<small>near 가까운   department store 백화점</small>

 특급 대화

A: **Take me to this address.**
B: Let me see. I think I know where that is.
A: How long will it take?
B: 20 minutes, tops.

<small>
A: 이 주소로 가 주세요.
B: 한번 볼게요. 어딘지 알 것 같네요.
A: 얼마나 걸릴까요?
B: 많이 걸려도 20분이요.
</small>

 **침묵하며 택시 타기**
영어가 안 통하는 지역이나 영어로 주소를 설명할 자신이 없는 경우에는 현지어로 행선지 주소를 적어 가세요. 그래도 외국에 나왔으니 한 마디 영어로 건네고 싶다면 예문처럼 Take me to this address.(이 주소로 가 주세요.)라고 말하며 주소를 보여 주면 됩니다.

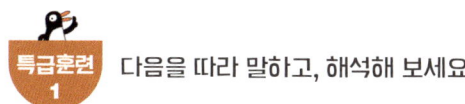 다음을 따라 말하고, 해석해 보세요.

1. Take me to this address.
2. Take me to the subway station.
3. Take me to the airport.
4. Take me near to the Merry Department Store.
5. Take me to the Hyatt Hotel.

 힌트 단어를 예문에 넣어 영어로 말해 보세요.

1. 저를 이 장소로 데려다주세요.   *this place*
2. 저를 오딧세이 식당으로 데려다주세요.   *Odyssey restaurant*
3. 저를 전망대로 데려다주세요.   *the observatory*
4. 저를 시청으로 데려다주세요.   *City Hall*
5. 저를 대영박물관으로 데려다주세요.   *the British Museum*

★ **가장 편한 이동수단, 택시**

택시는 영어로 taxi, cab, taxicab이라고 합니다. 일상적으로는 taxi나 cab 둘 다 자주 쓰지만 길에서 택시를 잡을 때는 주로 taxi라고 해요.

택시를 타다
- take a cab [taxi]

(손을 흔들어) 택시를 부르다
- hail a cab [taxi]

택시를 전화로 부르다
- call a cab [taxi]

특급패턴 010

장소, please. ~로 가 주세요

공항에서 숙소까지 택시를 타고 이동하는 경우가 많습니다. 공항은 주로 도심을 벗어나 있기도 하고, 여행자는 짐도 많기 때문이죠. 행선지 뒤에 **please**만 붙이면 '~로 가 주세요'라는 말을 할 수 있습니다. 단, please를 문장 앞에 붙이면 이상하니 주의하세요.

힐튼 호텔로 가 주세요.
The Hilton Hotel, please.

3177 웨스트 메인 스트리트로 가 주세요.
3177 West Main Street, please.

그레이하운드 역으로 가 주세요.
Greyhound Station, please.

에펠 타워로 가 주세요.
The Eiffel Tower, please.

국제 터미널로 가 주세요.
The international terminal, please.

어디로 가세요?

목적지가 어딘가요?
What's your destination?

어디로 가시나요?
Where are you heading [going]?

어디로 모셔다 드릴까요?
Where can I take you?

A: Where are you heading?   head 가다, 향하다
B: 3177 West Main Street, please.
A: (10 minutes later) Where do you want me to drop you off?   drop 사람 off 누구를 내려주다
B: Right here, please. What do I owe you?   owe 돈을 빚지고 있다
A: 18 dollars.
B: Here you go. You can keep the change.

A: 어디로 가실 건가요?
B: 3177 웨스트 메인 스트리트로 가 주세요.
A: (10분 후) 어디서 내려 드릴까요?
B: 여기서 내려 주세요. 얼마 드려야 하나요?
A: 18달러입니다.
B: 여기 있습니다. 잔돈은 가지세요.

특급훈련 1 다음을 따라 말하고, 해석해 보세요.

1. The Hilton Hotel, please.
2. The international terminal, please.
3. Greyhound Station, please.
4. The Eiffel Tower, please.
5. 3177 West Main Street, please.

특급훈련 2 힌트 단어를 예문에 넣어 영어로 말해 보세요.

1. AT&T 파크로 가 주세요. — AT&T Park
2. 2152 이스트 메인 스트리트로 가 주세요. — 2152 East Main Street
3. 시청 역으로 가 주세요. — City Hall Station
4. 이 주소로 가 주세요. — this address
5. 시애틀 페리 터미널로 가 주세요. — the Seattle Ferry Terminal

★ 공항이 여러 개야?

한 도시에 공항이 여러 개인 경우도 있고, 같은 공항이라도 국제선과 국내선이 다른 건물에 있는 경우도 있습니다. 예를 들어 워싱턴은 주변에 공항이 3개나 있어요. 그러니 가고자 하는 공항의 이름이나 공항 터미널의 번호를 정확히 택시 기사에게 전달하는 것이 좋습니다.

로널드 레이건 워싱턴 국제공항으로 가 주세요.
Ronald Reagan Washington National airport, please.

특급패턴 011 Let me get off... 저를 ~에 내려 주세요

목적지에 도착하면 어디서 내릴 건지 기사에게 말해야 합니다. '~에서 내리다'라는 뜻의 get off가 들어간 Let me get off... 패턴은 직역하면 '저를 ~에서 내리게 해 주세요'라는 말이니, 자연스럽게 '저 ~에서 내려 주세요'라고 해석하면 됩니다.

저 여기서 내려 주세요.
Let me get off here.

저 저기 신호등에서 내릴게요.
Let me get off at that stoplight.   stoplight 교통 신호등

저 하얏트 호텔 앞에서 내릴게요.
Let me get off in front of the Hayatt Hotel.   in front of ~의 앞에

저 우회전해서 내릴게요.
Let me get off after you make a right turn.
make a turn 방향을 틀다

저 나무 옆쪽에서 내릴게요.
Let me get off by that tree.

특급 대화

A: **Let me get off in two blocks.**
B: No problem.
A: Here's 20 dollars. Keep the change.

● 타고 내리는 표현
타다 get on
내리다 get off
환승하다 transfer

A: 두 구역 지나서 내릴게요.
B: 그렇게 하세요.
A: 20달러 여기 있습니다. 거스름돈은 필요 없습니다.

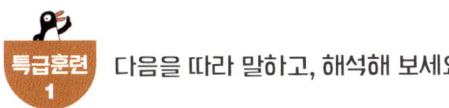 다음을 따라 말하고, 해석해 보세요.

1 Let me get off by that tree.
2 Let me get off in front of the Hayatt Hotel.
3 Let me get off at that stoplight.
4 Let me get off here.
5 Let me get off after you make a right turn.

 힌트 단어를 예문에 넣어 영어로 말해 보세요.

1 저 저기서 내릴게요. over there
2 저 세 구역 지나서 내릴게요. in three blocks
3 저 건물 앞에서 내릴게요. in front of that building
4 저 좌회전해서 내릴게요. after you make a left turn
5 저 가게 옆쪽에서 내릴게요. by that store

★ 택시 탈 땐 미터기를 확인하자!

종종 미터기를 켜지 않고 가격을 흥정하는 택시 기사도 있습니다. 나중에 바가지를 쓸 수도 있으니 타기 전에 미터기를 켜는지 미리 확인하는 게 좋습니다.

미터기 좀 켜주시겠어요?
⊙ Can you turn on[start] the meter?

우리 잘못된 방향으로 가는 것 같은데요.
⊙ I think we're going in the wrong direction.

Are you going to...?

이 차는 ~로 가나요?

해외에서는 확인, 또 확인하면서 다녀야 합니다. 이 패턴으로 운전 기사에게 버스의 행선지나 자신이 내릴 정류장을 확인해 두면 혹시 안내방송을 놓치더라도 도움을 받을 수 있습니다. **Are you going to…?** 뒤에 동사원형이 오면 '~할 예정인가요?'라는 말이고, 명사가 오면 '~에 가나요?'라는 말이 됩니다. 대중교통을 타는 상황을 가정해서 패턴의 **you**를 '이 차'로 해석했습니다.

이 차 미시건 애비뉴에 가나요?
Are you going to Michigan Avenue?

이 차 프라임 아웃렛에 가나요?
Are you going to the Prime Outlet?
outlet 할인점

이 차 차이나타운에 가나요?
Are you going to Chinatown?

이 차 7번 터미널에 가나요?
Are you going to Terminal 7?

이 차 시내에 가나요?
Are you going downtown?　　downtown 시내에

to 없는 downtown
downtown은 '시내에'라는 의미를 갖고 있어서 앞에 to가 붙지 않습니다. 참고로 '집도 go to home이 아니라 go home이라고 합니다.

A: Are you going to the Prime Outlet?
B: No, you're going to have to take bus number 11.
A: From here or from across the street?
B: From here.
A: I see. Thank you.

A: 이 버스 프라임 아웃렛에 가나요?
B: 아니요. 11번 버스를 타야 할 거예요.
A: 여기서요 아니면 길 건너서요?
B: 여기서요.
A: 그렇군요. 감사합니다.

특급훈련 1 — 다음을 따라 말하고, 해석해 보세요.

1. Are you going downtown?
2. Are you going to Michigan Avenue?
3. Are you going to Chinatown?
4. Are you going to Terminal 7?
5. Are you going to the Prime Outlet?

특급훈련 2 — 힌트 단어를 예문에 넣어 영어로 말해 보세요.

1. 이 차 블루밍데일에 가나요? — Bloomingdale's
2. 이 차 기차역으로 가나요? — the train station
3. 이 차 미술관에 가나요? — the art museum
4. 이 차 센트럴 파크에 가나요? — Central Park
5. 이 차 중앙 버스 터미널에 가나요? — the central bus station

★ '기사님'은 어디로 가시나요?

운전사에게 이 차가 어디로 가는지 물을 때 보통 Is this bus going to…?처럼 주어가 '차'가 되어야 한다고 생각하는데요, 운전을 하는 '기사'도 함께 그 방향으로 가는 것이기 때문에 영어에서는 Are you going to…?처럼 주어를 you로 놓는 표현을 많이 씁니다. 여기서 you는 버스나 기차, 트램(tram) 등 상황에 맞게 해석하면 됩니다.

특급패턴 013 How much is...? ~는 얼마인가요?

여행할 때 입에 착 붙여두어야 하는 How much is...? 패턴이에요. 교통비를 물을 때, 쇼핑할 때, 관광할 때 모두 유용합니다. 손으로 물건을 가리키며 How much?라고 할 수도 있지만 제대로 완성된 문장으로 물어보면 더 뿌듯할 겁니다. 가격을 물어보는 물건이 복수라면 How much are...?로 바꿔 말하면 됩니다.

지하철 요금이 얼마인가요?
How much is the subway fare? fare (교통) 요금

이 호텔에서 공항까지 택시비가 얼마인가요?
How much is the taxi fare from this hotel to the airport?

시내 투어 요금이 얼마인가요?
How much is it for a city tour? city tour 도시 관광

1일권은 얼마인가요?
How much is a one-day pass? one-day pass 하루 동안 자유롭게 쓸 수 있는 이용권

어린이 요금은 얼마인가요?
How much is it for a child?

A: Excuse me. How often does bus number 10 come?
I'm trying to go to the Chicago Fashion Outlet.
B: It comes every 15 minutes.
A: How much is the fare?
B: It's only five stops away from here, so it should be a dollar and 25 cents.

A: 죄송합니다만 10번 버스가 얼마나 자주 오나요? 시카고 패션 아웃렛에 가려고 하거든요.
B: 15분마다 와요.
A: 버스 요금은 얼마인가요?
B: 여기서 다섯 정거장이니까 1달러 25센트 되겠네요.

특급훈련 1 다음을 따라 말하고, 해석해 보세요.

1 How much is it for a child?
2 How much is a one-day pass?
3 How much is it for a city tour?
4 How much is the taxi fare from this hotel to the airport?
5 How much is the subway fare?

특급훈련 2 힌트 단어를 예문에 넣어 영어로 말해 보세요.

1 요금이 얼마인가요? the fare
2 버스 요금이 얼마인가요? the bus fare
3 자전거 대여료는 얼마인가요? the bike rental rate
4 야경 투어 요금이 얼마인가요? the night tour rate
5 어른 요금은 얼마인가요? it for an adult

★ **천장이 없는 이층 버스, 바람에 주의하세요!**

유럽에서는 이층 버스를 종종 볼 수 있습니다. 특히 시티투어 버스는 이층 버스가 많아서 버스에 편히 앉아 시내의 경치를 구경할 수 있죠. 천장이 없는 이층 버스 맨 앞자리는 급정거를 할 경우 물건이 튕겨져 나갈 수도 있고, 바람이 센 날에는 모자나 스카프 등이 날아가 버릴 수 있으니 주의해야 합니다.

제 모자가 날아갔어요.
◎ My hat flew away.

제 우산을 놓고 내렸어요.
◎ I left my umbrella on the bus.

특급패턴 014

How long does it take to get to...?

~까지 가는데 얼마나 걸리나요?

목적지까지 이동 시간을 물어보는 패턴입니다. **get to**는 '~로 가다'라는 뜻인데, 같은 의미인 **go to**를 넣어서 말해도 됩니다. 패턴이 조금 길지만 한 덩어리로 입에 붙도록 여러 번 읽으세요. 패턴 뒤로 목적지를 붙이기만 하면 끝입니다. 참고로 **does** 자리에 **would**를 넣어 말해도 됩니다.

시카고 시내까지 얼마나 걸리나요?
How long does it take to get to downtown Chicago?

유니온 스퀘어까지 얼마나 걸리나요?
How long does it take to get to Union Square?

유니버설 스튜디오까지 버스로 얼마나 걸리나요?
How long does it take to get to Universal Studios by bus?

보통 공항까지 가는데 얼마나 걸리나요?
How long does it usually take to go to the airport?
usually 보통

주말에는 그랜드 센트럴 역까지 가는데 얼마나 걸리나요?
How long does it take to go to Grand Central Station on a weekend?

특급 대화

A: How long does it take to get to Universal Studios by bus?
B: Let's see. Oh, it's nearby Union Square. It should take about half an hour.
A: That's pretty far.   far 먼
B: It sure is. It might take longer if traffic is bad.   traffic 교통; 차량들

A: 유니버설 스튜디오까지 버스로 얼마나 걸리나요?
B: 어디 봅시다. 오, 유니온 스퀘어 근처군요. 30분 정도 걸릴 거예요.
A: 꽤 머네요.
B: 그럼요. 길이 막히면 더 걸릴 수도 있습니다.

특급훈련 1 다음을 따라 말하고, 해석해 보세요.

1. How long does it usually take to go to the airport?
2. How long does it take to get to downtown Chicago?
3. How long does it take to get to Universal Studios by bus?
4. How long does it take to get to Union Square?
5. How long does it take to go to Grand Central Station on a weekend?

특급훈련 2 힌트 단어를 예문에 넣어 영어로 말해 보세요.

1. 번화가까지 얼마나 걸리나요?   main [high] street
2. 교외까지 얼마나 걸리나요?   suburb
3. 링컨 센터까지 택시로 얼마나 걸리나요?   Lincoln Center by taxi
4. 보통 해변까지 얼마나 걸리나요?   the beach
5. 평일에는 그랜드 호텔까지 가는데 얼마나 걸리나요?   the Grand Hotel on a weekday

---

⭐ **외국에서 운전할 때는 두 배로 조심하세요!**

미국은 비보호 좌회전이 상당히 많으니 잘 확인해야 합니다. 또 먼저 온 순서대로 가야 하고, 정지 신호를 잘 살펴야 합니다. 도로에 경찰이 많은 편이라 신호 위반이나 과속으로 벌금을 무는 경우도 많습니다. 야생 동물이 많은 지역을 운전할 때는 로드킬(roadkill)에도 대비해야 합니다. 밤에는 사슴이나 말이 고속도로로 뛰어들기도 하니 특히 더 주의하세요!

특급패턴 015

I need... 전 ~가 필요해요

국제 면허를 소지하면 외국에서도 자동차를 렌트해서 다닐 수도 있습니다. 차를 빌릴 때는 물론이고 필요한 것을 말할 때 I need...라고 직접적으로 언급하면 빠르게 의사소통이 가능합니다. 참고로 같은 내용을 I'd like... 패턴으로 말해도 됩니다.

전 5일 동안 차가 필요해요.
I need a car for five days.

전 이틀 동안 (차를) 빌리고 싶어요.
I need a rental for two days.

전 사흘 동안 탈 SUV가 필요해요.
I need an SUV for three days. SUV 스포츠 실용차

전 보험이 다 가입된 중형차가 필요해요.
I need a midsize car with full insurance.
insurance 보험 midsize car 중형차

전 경차가 필요해요.
I need a compact car. compact car 소형차

 특급 대화

A: **I need a car for five days.**
B: What size are you looking for? look for 찾다
A: A compact car. How much is it?
B: It's 29 dollars 99 cents a day.

   A: 전 5일 동안 차가 필요해요.
   B: 어떤 크기를 찾으시나요?
   A: 소형차요. 가격이 어떻게 되죠?
   B: 하루에 29달러 99센트입니다.

특급훈련 1 다음을 따라 말하고, 해석해 보세요.

1 I need a rental for two days.
2 I need a compact car.
3 I need a midsize car with full insurance.
4 I need an SUV for three days.
5 I need a car for five days.

특급훈련 2 힌트 단어를 예문에 넣어 영어로 말해 보세요.

1 전 반나절 동안 차가 필요해요. 　　　　　　　　　　　　　　　a car for half-day
2 오늘 하루 동안 (차를) 빌리고 싶어요. 　　　　　　　　　　　　a rental just for today
3 전 이틀 동안 탈 차가 필요해요. 　　　　　　　　　　　　　　　a car for two days
4 보험이 다 가입된 대형차가 필요해요. 　　　　　a full-sized car with full insurance
5 전 승합차가 필요해요. 　　　　　　　　　　　　　　　　　　　　　　　a van

● ● ★ 자동차 기름의 등급

보통 기름 등급은 세 가지로 나뉘는데 주유소 브랜드마다 각 등급을 부르는 방식이 약간씩 다릅니다. 오른쪽으로 갈수록 비싸집니다. 아래 제시된 것은 일반적인 내용일 뿐, 지역에 따라 다를 수 있으니 참고만 하세요.

Regular – Plus – V-Power   Unleaded – Super – Premium
Regular – Special – Super   Regular Unleaded – Unleaded Plus – Premium Unleaded
Regular – Plus – Premium

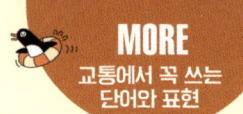

MORE
교통에서 꼭 쓰는 단어와 표현

도로

신호등 stoplight [traffic light]
교차로 intersection
        crossroad(영국), junction(영국)
사거리 intersection [four-way stop]
교통 체증 traffic jam [traffic congestion]
교통 통제 traffic control
인도 sidewalk
차도 street [road]
견인 구역 tow zone
허가 전용 주차 permit parking only

대중교통

노인 우대 할인 senior discount
지하철 노선도 subway map
버스 노선도 bus map
택시 승강장 taxi stand
택시 트렁크 trunk
중앙역 central station
시간표 schedule
도보 walking
도보로 on foot
할증 요금 extra charge [surcharge]
2층 버스 double-decker bus
종점 terminal
육교 (pedestrian) overpass
지하도 underpass
안내 방송 announcement

기차 좌석 등급

아래로 갈수록 비싼 좌석이에요.

일반석 coach [standard] class
비즈니스 클래스 business class
일등석 first class

운전

주차하다 park
주유소 gas station
속도 위반 speeding
제한 속도 speed limit
고속도로 요금 (highway) toll
차를 빌린 곳이 아닌 다른 지역에서 반환하는 것
one-way rental

지름길로 가겠습니다.

택시

GPS 좀 켜주시겠어요?
Can you turn on the GPS?

> GPS는 우리나라로 치면 네비게이션을 뜻합니다.

요금이 얼마나 나올까요?
How much will it be?

공항까지 정액제로 얼마인가요?
Do you have a flat fee to the airport?

시간이 얼마나 걸릴까요?
How long will it take?

어떻게 가는 게 가장 빠른가요?
What is the quickest way?

지금 교통상황은 어때요?
What's the traffic like right now?

길이 막히네요.
The traffic is bad.

에어컨 좀 켜주실래요?
Can you turn on the air conditioning?

미터기 켜 놓고 잠시만 계세요.
Keep the meter running.

아직 도착 전인가요?
Are we there yet?

도착까지 얼마나 남았나요?
How long before we arrive?

얼마 드리면 되죠?
What do I owe you?

계산은 어떻게 하실 건가요?
How will you be paying?

작은 돈(소액권)은 없으세요?
Do you have any smaller bills?

지름길로 가겠습니다.
We'll take a shortcut.

태워 주셔서 감사합니다.
Thanks for the ride.

매표소

도쿄로 가는 표는 얼마인가요?
How much is a ticket to Tokyo?

런던행 9시 열차로 두 장 주세요.
Two tickets to London for the 9 p.m. train, please.

편도로 끊으실 건가요 왕복으로 끊으실 건가요?
Would you like a one-way ticket or a round-trip ticket?

돌아오는 표도 같이 구매하고 싶어요.
I would like to buy return tickets, too.

라스베가스 왕복표 두 장 주세요.
Can I get two round-trip tickets to Las Vegas?

3일 이용권 2장 주세요.
Two three-day tickets, please.

학생 할인 있나요?
Is there a student discount?

죄송하지만, 이 표는 환불이 안 됩니다.
Sorry, but this ticket is non-refundable.

거스름돈이 안 나와요.
It's not giving change.

대중교통

어디서 내려야 할 지 알려주시겠어요?
Can you tell me where to get off?

저 여기서 내리면 되나요?
Do I get off here?

제가 내려야 할 곳을 놓쳤어요.
I missed my stop.

15번 버스는 얼마나 자주 오나요?
How often does bus number 15 come?

버스 막차는 몇 시인가요?
What time is the last bus?

렌트

어떤 크기의 차를 원하시나요?
What size car would you like?

어떤 종류 차를 원하시나요?
What type of car would you like?

차는 얼마나 필요하세요?
How long will you be needing [renting] the car?

차에 보험을 드시겠어요?
Would you like insurance on the car?

보험은 얼마인가요?
How much is insurance?

운전은 어떤 분이 하실 건가요?
Who is going to be the driver?

운전은 몇 분이 하실 건가요?
How many people are going to drive?

일단 제가 그 차를 볼 수 있을까요?
Can I see the car first?

제가 빌리는 차에 네비게이션이 장착되어 있나요?
Does my car come with a GPS?

이 차를 다른 지역에서 반환해도 되나요?
Can I return this car at a different location?

차를 반납하려고요.
I'm returning my car.

여기에 주차해도 되나요?
Can I park here?

이곳에 주차하면 안 됩니다.
You can't park here.

주차는 어디에 하나요?
Where do I park?

제 차에 문제가 있어요.
Something is wrong with my car.

차에 기름이 꽉 차 있습니다. 반환하기 전에 꼭 채워 주세요.
아니면 1갤런에 2달러 50센트씩 청구됩니다.
The gas tank is full. You should fill it up before you return the car.
If you do not, then we charge $2.50 a gallon.

02 SPECIAL STORY

호텔

여행에 편안함을 더해 주는 호텔 방

호텔 방에는 편의를 위한 여러 가지 시설과 물품이 있습니다. 칫솔, 치약, 면봉 등 매일 제공되는 일회용 소모품을 어매니티(amenities)라고 하지요. 정해진 시간에 깨워 주는 모닝콜 서비스를 원하면 프런트에 요청하거나 방에 비치된 전화기에 예약을 걸어둘 수도 있습니다. 요새는 스마트폰으로 알람을 맞출 수 있어 많이 요청하지는 않지만요. 참고로 모닝콜은 콩글리시이고, 영어로는 wake-up call [웨이크업 콜]이라고 합니다.

VOCA	
모닝콜 **wake-up call**	**conditioner** 린스
화장지 **toilet paper**	**toothpaste** 치약
편의 시설 및 소모 용품 **amenities**	**toothbrush** 칫솔
비누 **soap**	**cotton swab** 면봉
샴푸 **shampoo**	**towel** 수건

16 I made a reservation... 전 ~를 예약했습니다
17 I want... 전 ~를 원해요
18 This is Room... I need... 여기 ~호인데요. ~가 필요합니다
19 My... is not working. 제 방의 ~가 작동이 안 돼요

20 Something's wrong with... ~가 좀 이상해요
21 There's no... ~가 없어요
22 What time...? ~는 몇 시인가요?
23 Do you have...? ~가 있나요?

떠나기 전에 듣는
3분 미니강의

PART 3

호텔

여행영어 특급패턴101

특급패턴 016

I made a reservation...
전 ~를 예약했습니다

호텔이나 식당에서 I made a reservation... 패턴으로 미리 해 둔 예약을 확인하는 말을 해 봅시다. 이 패턴을 응용하면 실제 서비스가 예약한 내용과 다를 때 항의하는 말로도 쓸 수 있습니다. 예약한 사람의 이름 앞에는 under를 붙이고, 인원수나 숙박 일수 앞에는 for를 붙여서 말합니다.

저는 예약을 했습니다.
I made a reservation.

김(Kim)으로 예약했습니다.
I made a reservation under Kim.   under ~라는 이름으로

두 명 예약했습니다.
I made a reservation for two.

전 침대가 두 개인 금연 방으로 예약했는데요.
I made a reservation for a non-smoking two-bed bedroom.   non-smoking 금연의

전 온라인으로 방을 예약했습니다.
I made a room reservation online.   online 인터넷 온라인의

특급 대화

A: Hi. How may I help you today?
B: Hi. **I made a reservation under Kim.**
A: Let's see. I have your name right here. It's for two nights, right?
B: Yep.

A: 안녕하세요. 무엇을 도와드릴까요?
B: 안녕하세요. 김으로 예약을 했는데요.
A: 어디 볼까요. 여기 이름이 있네요. 이틀 밤 예약하셨죠?
B: 네.

특급훈련 1 — 다음을 따라 말하고, 해석해 보세요.

1. I made a reservation for two.
2. I made a room reservation online.
3. I made a reservation.
4. I made a reservation under Kim.
5. I made a reservation for a non-smoking two-bed bedroom.

특급훈련 2 — 힌트 단어를 예문에 넣어 영어로 말해 보세요.

옆을 보지 말고, 외워서 말해 보세요.

1. 저는 예약을 했습니다.
2. 박(Park)으로 예약했습니다. — under Park
3. 한 명 예약했습니다. — for one
4. 전 침대가 두 개인 흡연 방으로 예약했는데요. — for a smoking two-bed bedroom
5. 전 호텔 홈페이지에서 방을 예약했습니다. — on your website

★ Run of House 업그레이드의 가능성

호텔을 온라인에서 예약할 때 Run of House(ROH)라는 표시를 본 적 있으신가요? 예약 완료 후에 해당 날짜의 상황에 따라 여유가 있는 등급의 방에 묵게 되는 시스템을 뜻하는 표현입니다. 가장 저렴한 방을 예약해도 운이 좋으면 더 비싼 방에 묵게 될 수도 있습니다.

특급패턴 017

I want... 전 ~를 원해요

여행 전에 호텔을 예약하면서 요구사항을 적거나 현지에 도착해서 체크인 후 필요한 것을 말할 때 유용하게 쓸 수 있는 패턴입니다. 직접적으로 자신이 뭘 원하는지 딱 밝힐 수 있어서 짧은 문장이라도 확실하게 의사소통이 됩니다.

전 체크아웃을 늦게 하고 싶어요.
I want a late check-out.*

방 열쇠를 추가로 하나 더 주세요.
I want an extra key for my room.   extra key 추가 열쇠

전 바다가 보이는 방을 원해요.
I want an ocean view room.   view 경관, 전망, 시야

전 더 높은 층에 있는 방을 원해요.
I want a room on a higher floor.

전 도로에서 먼 방을 원합니다.
I want a room away from the highway.   highway 고속도로, 도로

특급대화

A: Is the second floor okay with you?
B: No. Actually, **I want a room on a higher floor.**
A: How about the 10th floor then?
B: Sounds good.

A: 방은 2층 괜찮으신가요?
B: 아니요, 저는 더 높은 층에 있는 방이면 좋겠어요.
A: 그럼 10층은 어떠세요?
B: 좋아요.

🔵 **바로 이 방이야!**
방에 대한 설명을 듣고 마음에 든다면 그 방으로 하겠다고 아래 표현처럼 말하세요.

그 방으로 할게요.
I'll take that room.

특급훈련 1 다음을 따라 말하고, 해석해 보세요.

1 I want a room away from the highway.
2 I want an ocean view room.
3 I want a late check-out.
4 I want an extra key for my room.
5 I want a room on a higher floor.

특급훈련 2 힌트 단어를 예문에 넣어 영어로 말해 보세요.

옆을 보지 말을 보지 말고, 외워서 말해 보세요.

1 전 체크아웃을 늦게 하고 싶어요.
2 전 야경이 보이는 방을 원해요. a night view room
3 전 조용한 방을 원해요. a quiet room
4 전 1층 방을 원해요. a room on the first floor
5 전 방 업그레이드를 원해요. a room upgrade

★ 이제는 떠날 시간, 체크아웃

호텔의 체크아웃은 대부분 11시~1시입니다. 최근에는 청소 서비스를 받지 않으면 체크아웃을 미뤄주는 절약 캠페인을 실시하는 호텔도 있다고 해요. 또 체크아웃 당일에 객실에 여유가 있다면 체크아웃 시간을 미뤄주기도 하니까 여유있게 체크아웃을 하고 싶다면 호텔에 문의해 보는 것도 좋습니다.

특급패턴 018

This is Room... I need...
여기 ~호인데요. ~가 필요합니다

호텔 방에서 룸서비스나 필요한 것을 요청하려면 프런트에 전화를 걸어 말하면 됩니다. 이때 방의 호수와 필요한 것을 함께 말할 수 있는 패턴이 This is Room... I need...입니다.

여기 201호인데요. 여분의 수건이 필요해요.
This is Room 201. I need an extra towel. towel 수건

여기 403호인데요. 얼음이 좀 필요해요.
This is Room 403. I need some ice.

여기 610호인데요. 화장지 한 통이 필요해요.
This is Room 610. I need a roll of toilet paper.

여기 211호인데요. 변기를 뚫을 것이 필요해요.
This is Room 211. I need a plunger. plunger 뚫어뻥

여기 301호인데요. 쓰레기 봉투가 필요해요.
This is Room 301. I need a trash bag. trash bag 쓰레기 봉투

특급
대화

A: Front desk. How can I help you?
B: Hi, **this is Room 211. I need a remote for my air conditioner.**
A: It should be in your room.
B: I checked everywhere, but I couldn't find it.
A: Check the top drawer of your desk. drawer 서랍
B: There it is. Thank you.

A: 프런트입니다. 뭘 도와드릴까요?
B: 안녕하세요. 여기 211호인데요. 제 방 에어컨 리모컨이 필요해서요.
A: 그건 방 안에 있을 텐데요.
B: 여기 저기 다 확인했는데 못 찾았어요.
A: 책상 맨 위 서랍을 확인해 보세요.
B: 여기 있네요. 감사합니다.

 다음을 따라 말하고, 해석해 보세요.

1 This is Room 610. I need a roll of toilet paper.
2 This is Room 211. I need a plunger.
3 This is Room 403. I need some ice.
4 This is Room 301. I need a trash bag.
5 This is Room 201. I need an extra towel.

 힌트 단어를 예문에 넣어 영어로 말해 보세요.

1 여기 201호인데요. 여분의 이불이 필요해요. — an extra blanket
2 여기 403호인데요. 이동식 침대가 좀 필요해요. — a roll-away bed
3 여기 610호인데요. 면도기가 필요해요. — a razor
4 여기 211호인데요. 목욕용 가운이 필요해요. — a bathrobe
5 여기 301호인데요. 얼음통이 필요해요. — an ice bucket

★ 호텔과 모텔, 뭐가 다를까?

호텔 (hotel): 수영장이나 바를 갖추고 있고 정문을 지나야만 입실이 가능한 비교적 고급스러운 숙박 시설입니다.
모텔 (motel): 방 앞에 주차하고, 바로 방문을 열고 들어갈 수 있거나 후문으로도 입실 가능한 가장 대중적인 숙박 시설이죠.
인 (inn): 모텔과 비슷한 형태로 보통 고속도로나 시골 길에 있는 작은 규모의 숙박 시설입니다.

My... is not working.
제 방의 ~가 작동이 안 돼요

호텔에 체크인하는 순간부터 자신의 방에 있는 모든 물건에는 my를 붙여서 말하는 게 자연스럽습니다. 내가 사용하는 내 방에 있는 물건이라는 뜻이기 때문이죠. 어떤 물건의 작동에 대해 말할 때는 '작동하다'라는 동사 work를 활용하면 됩니다.

제 방 샤워기가 안 돼요.
My shower is not working. shower 샤워기

제 방 TV 리모컨이 작동이 안 돼요.
My TV remote is not working. remote (control) 리모컨

제 방 에어컨이 작동이 안 돼요.
My AC is not working. AC (air conditioner) 에어컨

제 방 냉장고가 작동이 안 돼요.
My fridge is not working. fridge (refrigerator) 냉장고

제 키 카드가 안 돼요.
My key card is not working.

A: This is the front desk. How can I help you today?
B: Hi, this is room 217. **My shower isn't working**. I'm not getting any hot water.
A: Sorry about that. I'll send someone up right away.
B: Thank you.

　A: 프런트 데스크입니다. 무엇을 도와드릴까요?
　B: 안녕하세요, 여긴 217호인데요. 샤워기가 안 되네요. 뜨거운 물이 안 나와요.
　A: 죄송합니다. 바로 사람을 올려 보내겠습니다.
　B: 감사합니다.

특급훈련 1 다음을 따라 말하고, 해석해 보세요.

1　My fridge is not working.
2　My shower is not working.
3　My AC is not working.
4　My TV remote is not working.
5　My key card is not working.

특급훈련 2 힌트 단어를 예문에 넣어 영어로 말해 보세요.

1　제 방 책상용 전등이 안 돼요.　　　　　　　　　desk lamp
2　제 방 드라이기가 작동이 안 돼요.　　　　　　　　dryer
3　제 방 커피 머신이 작동이 안 돼요.　　　　　　coffee machine
4　제 방 와이파이 비밀번호가 안 먹히네요.　　　　Wi-Fi password
5　제 방 다리미가 안 돼요.　　　　　　　　　　　　iron

★ 이 표현도 알아 두면 Great!

온수　hot water [warm water]
냉수　cold water
수도꼭지　faucet [tap(영국)]

Something's wrong with...
~가 좀 이상해요

Something's wrong with...은 어떤 물건의 상태를 표현할 수 있는 패턴입니다. 앞서 나왔던 This is Room... I need... 패턴과 함께 방에서 전화로 문제 상황을 프런트에 전달할 수도 있습니다. 호스텔이나 민박, 게스트하우스처럼 직접 식사를 만들어 먹고 치워야 하는 숙소에서는 더 유용하게 쓸 수 있는 패턴입니다.

제 방 온도 조절 장치가 좀 이상해요.
Something's wrong with my thermostat. thermostat 온도 조절 장치

제 방 히터가 좀 이상해요.
Something's wrong with my heater. heater 난방기

이 전자레인지가 좀 이상해요.
Something's wrong with this microwave. microwave 전자레인지

자판기가 좀 이상해요.
Something's wrong with the vending machine.
vending machine 자동 판매기

제 사물함이 좀 이상해요.
Something's wrong with my locker. locker 라커, 사물함

A: Something's wrong with my thermostat.
B: What do you mean? mean 의미하다
A: I turned it up an hour ago, but my room is still cold.
B: Okay, I'll go there and take a look at it right now. take a look 살펴보다

A: 제 방 온도 조절 장치가 좀 이상해요.
B: 무슨 말씀이시죠?
A: 한 시간 전에 켰는데 방이 아직도 춥네요.
B: 알겠습니다. 제가 바로 가서 살펴볼게요.

특급훈련 1

다음을 따라 말하고, 해석해 보세요.

1. Something's wrong with my locker.
2. Something's wrong with my thermostat.
3. Something's wrong with this microwave.
4. Something's wrong with my heater.
5. Something's wrong with the vending machine.

특급훈련 2

힌트 단어를 예문에 넣어 영어로 말해 보세요.

1. 제 방 금고가 좀 이상해요.   my safe
2. 제 방 문이 좀 이상해요.   my door
3. 이 토스터기가 좀 이상해요.   this toaster
4. 제 방 TV가 좀 이상해요.   my TV
5. 이 세탁기가 좀 이상해요.   this washing machine

★ 호텔벽, 방음이 잘 될까?

내가 묵는 호텔에 방음이 잘 되어 있다면 참 좋겠죠. 물론 여행자들이 몰려드는 휴가 시즌이나 축제가 열리는 시즌에는 방음이 잘 되는 호텔이라도 소음 때문에 고생을 할 수 있습니다. 늦은 시간에도 옆방이 너무 시끄럽다면 프런트에 전화를 해서 아래의 표현으로 항의하세요.

제 옆방에 있는 사람들 너무 시끄러워요.
◎ The people staying next to our room are too noisy.

특급패턴 021

There's no... ~가 없어요

머물고 있는 호텔방에 무언가 없다고 할 때 주로 사용하는 패턴으로, There's는 There is의 줄임말입니다. 뒤에 나오는 내용이 복수인 경우 There're no... 라고 합니다.

제 방에 화장실 휴지가 없어요.
There's no toilet paper in my room.   toilet paper 화장지, 휴지

리모컨이 없어요.
There's no remote.   remote (control) 리모컨

난방이 안 돼요.
There's no heat.   heat 온도; 열기

비누가 없네요.
There's no soap.   soap 비누

밖에 주차할 공간이 없네요.
There're no parking spots outside.   parking spot 주차장

특급 대화

A: Excuse me.
B: Hi, how can I help you?
A: **There're no parking spots outside.**
B: Did you check in the back?
   We also have a parking lot there.   back 뒤쪽의

A: 저기요.
B: 네, 뭘 도와드릴까요?
A: 밖에 주차할 데가 없어서요.
B: 혹시 뒤쪽도 확인해 보셨나요? 저희는 뒤에도 주차장이 있거든요.

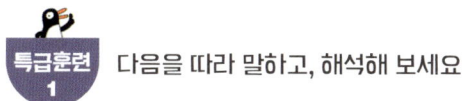 다음을 따라 말하고, 해석해 보세요.

1. There's no soap.
2. There's no heat.
3. There's no toilet paper in my room.
4. There's no remote.
5. There're no parking spots outside.

 힌트 단어를 예문에 넣어 영어로 말해 보세요.

1. 제 방에 화장지가 없어요.   tissue in my room
2. 에어컨 리모컨이 없어요.   AC remote
3. 목욕 가운이 없네요.   bathrobe
4. 빗이 없네요.   comb
5. 슬리퍼가 없어요.   slippers

★ 쓰는 장소에 따라 이름이 다른 휴지

휴지는 모양과 사용하는 장소에 따라 여러 이름으로 부릅니다. 흔히 우리가 크리넥스(Kleenex)라고 부르는 사각형 상자에 담긴 화장지 티슈(tissue)는 가장 넓은 의미의 휴지로 일상에서 사용합니다. 냅킨(napkin)은 정사각형 모양이며, 주로 식당에서 씁니다. 참고로 물수건은 wet towel이나 wipe라고 해요. 화장실용 휴지는 toilet paper라고 하며, 주방용 휴지는 kitchen towel이라고 합니다.

What time...? ~는 몇 시인가요?

체크인과 체크아웃 시간을 비롯해 호텔 내에서 시간과 관련한 질문을 할 일이 생기면 **What time is...?**를 떠올리세요. 뒤에 몇 시인지 궁금한 내용을 붙여주기만 하면 됩니다.

방 청소는 몇 시에 하나요?
What time is housekeeping?
housekeeping 객실 청소

마지막 셔틀 버스는 몇 시인가요?
What time is the last shuttle?

저녁 식사 마지막 주문 시간은 몇 시인가요?
What time is the last order for dinner?   order 주문

수영장은 몇 시에 문을 닫나요?
What time does your pool close?   pool 수영장

프런트는 몇 시에 닫나요?
What time does your reception desk close?
reception 접수처, 프런트

A: What time is housekeeping?
B: From 11 a.m. until 3 p.m.
A: I see. How about the reception desk? How late is it open?
B: It's open 24/7.

A: 방 청소는 몇 시에 하시나요?
B: 오전 11시부터 오후 3시까지 입니다.
A: 알겠습니다. 프런트는요? 얼마나 늦게까지 여나요?
B: 연중무휴입니다.

특급훈련 1 — 다음을 따라 말하고, 해석해 보세요.

1 What time does your pool close?
2 What time does your reception desk close?
3 What time is housekeeping?
4 What time is the last order for dinner?
5 What time is the last shuttle?

특급훈련 2 — 힌트 단어를 예문에 넣어 영어로 말해 보세요.

1 방 청소는 몇 시에 하나요?   *옆을 보지 말고, 외워서 말해 보세요.*
2 체크인은 몇 시에 하나요?   *is check-in*
3 룸서비스 마지막 주문 시간은 몇 시인가요?   *is the last order for room service*
4 세탁실은 몇 시에 닫나요?   *does your laundry room close*
5 분수 쇼는 몇 시에 하나요?   *is the fountain show*

★ 오전, 오후를 나타내는 AM, PM

AM은 라틴어 Ante Meridiem의 줄임말로 '정오 전에, 이전'을 뜻합니다. PM은 Post Meridiem의 줄임말로 '정오 후에, 이후'라는 뜻입니다. 오전을 뜻할 때는 AM, 오후를 뜻할 때는 PM을 씁니다. AM은 am, a.m., A.M. 등으로 표기하고, PM은 pm, p.m., P.M.으로도 표기합니다. 말할 때는 '에이엠', '피엠' 이라고 하면 되지요.

특급패턴 023
Do you have...? ~가 있나요?

호텔에서 제공되는 서비스가 어떤 게 있는지 확인할 때 어떤 동사를 써야 할지 헷갈리기 쉽습니다. 이런 상황에서는 have를 써서 '이 호텔은 어떤 서비스를 가지고 있느냐'고 물어봐야 자연스럽습니다. 여기서 주어 you는 '너'라는 사람이 아니라 '호텔 전체'를 가리키는 말입니다.

와이파이 되나요?
Do you have Wi-Fi?

조식은 무료로 제공되나요?
Do you have a complimentary* breakfast?   complimentary 무료의

도시 지도가 있나요?
Do you have a city map?   city map 도시 지도

쿠폰북이 있나요?
Do you have a coupon book?

케이블 TV가 되나요?
Do you have cable TV?

 특급 대화

A: Do you have free Wi-Fi here?
B: Yes, we do.
A: Do I need a password for that?
B: Yes. It's 123456789. You can also find it in your guest book in your room.   guest book 숙박부

A: 여기 와이파이 무료인가요?
B: 네, 무료입니다.
A: 그걸 사용하려면 비밀번호가 필요한가요?
B: 네. 비밀번호는 123456789입니다.
그리고 손님의 방에 있는 숙박부에도 나와 있습니다.

특급훈련 1 다음을 따라 말하고, 해석해 보세요.

1 Do you have a complimentary breakfast?
2 Do you have cable TV?
3 Do you have Wi-Fi?
4 Do you have a coupon book?
5 Do you have a city map?

특급훈련 2 힌트 단어를 예문에 넣어 영어로 말해 보세요.

1 셔틀 버스가 있나요?   a shuttle bus
2 멀티 탭이 있나요?   a power strip
3 연장 케이블이 있나요?   an extension cable
4 여행 가이드가 있나요?   a travel guide
5 목욕용 수건이 있나요?   a bath towel

★ **이게다 공짜! 무료를 나타내는 다양한 표현**

가장 많이 쓰는 '무료'를 나타내는 표현은 free, for free, free of charge, complimentary입니다. 전부 '무료인'이라는 뜻이에요. 술집, 식당에서 술이나 음식이 무료일 경우에는 on the house라고 조금 다르게 표현합니다.

무료입니다.
◎ It's free of charge.

저희가 무료로 드리는 거예요. (식당, 술집)
◎ It's on the house.

거기서 이거 공짜로 줬어.
◎ They gave me this for free.

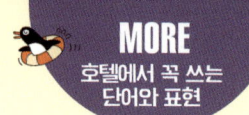

MORE
호텔에서 꼭 쓰는 단어와 표현

예약 확인

로비 lobby
프런트, 접수대 front [reception] desk
요금, 숙박비 rate
예약하다 book [reserve]
예약 reservation
빈 방 vacancy
빈 방 없음 no vacancy
예약된 booked
예약을 취소하다 cancel a reservation
방을 잡다 hold a room
오기로 하고 오지 않음 no-show
예약 후 오지 않았을 때 부과되는 요금 no-show fee
체크인(입실 수속) check-in
체크아웃(퇴실 수속) check-out
멤버십 적립 membership rewards program
열쇠 보증금 key deposit
아침 식사 포함 breakfast included
상품권, 바우처 voucher

호텔 이용

실내[실외] 수영장 indoor [outdoor] pool
주차장 parking lot
무료 조식 complimentary breakfast
빵, 주스, 커피 등 간단한 음식이 나오는 조식 continental breakfast

호텔 서비스

룸서비스 room service
셔틀 버스 시간표 shuttle bus schedule
셔틀 버스 노선표 shuttle bus route
지역 지도 local map
여행 가이드 travel guide
무료 신문 complimentary newspaper
초고속 인터넷&와이파이 high speed Internet & wireless
방 청소 housekeeping

방해금지 Do Not Disturb
여행용 멀티 전원 travel adapter
불평 complaint
고객의 소리 comment card
와인 오프너; 병마개 뽑는 기구 corkscrew

청소 서비스 등을 거절하는 문구예요.

호텔 직원

안내원 concierge
다중 언어 구사가 가능한 직원 multilingual staff
호텔 관리자 hotel manager
짐을 운반해 주는 직원 bellboy [bellhop]
객실을 청소하는 직원 house keeper [maid]

high speed Internet은 선이 연결된 인터넷을 말해요.

예약 확인 및 체크인

방이 있나요?
Do you have any rooms?

빈 방 있나요?
Do you have any vacancies?

죄송하지만 방이 없네요.
Sorry, we're full [all booked].
Sorry, we have no vacancies.

호텔 요금이 얼마인가요?
How much are your rooms?
What are your rates?

올라가시면 좌측에 있습니다.
It's upstairs to your left.

예약할 때 입력한 신용카드로 청구하면 될까요, 아니면 다른 카드를 쓰시겠어요?
Should we charge the credit card on file, or did you want to use a different card?

신용카드로 총 197달러 21센트 청구될 겁니다. 아래에 서명해 주시겠어요?
Your credit card will be charged a total of $197.21. Can you sign on the bottom?

3시부터 체크인 가능합니다.
You can check in starting at 3 p.m.

체크아웃 시간은 11시입니다.
Check-out time is 11 a.m.

손님의 예약 내역을 못 찾겠네요.
I can't find your reservation.

전 여행사를 통해 예약했어요.
I made a reservation through my travel agency.

전 예약을 안 했어요.
I don't have a reservation.

전 5월 5일에 예약했는데요.
I made a reservation on May 5th.

전화로 예약했습니다.
I made a reservation over the phone.

죄송하지만, 사정이 생겨 예약을 취소하겠습니다.
I'm sorry, but I need to cancel my reservation.

예약 취소 수수료가 있나요?
Is there a cancelation fee?

청소 서비스

침대 시트가 더럽네요. 바꿔주시겠어요?
My bed sheets are dirty. Can you change them?

침대가 정돈이 안 되어 있네요.
My bed is not made.

쓰레기통이 꽉 찼어요.
The trash can is full.

오늘은 방 청소를 안 하셔도 돼요.
You don't have to clean the room today.

제 방 쓰레기통 좀 비워 주시겠어요?
Can you empty the trash in my room?

제 방 청소가 안 되어 있네요.
My room hasn't been cleaned yet.

화장실이 깨끗하지 않아요.
My bathroom is not clean.

조식

커피가 없네요. 커피를 새로 내려 주실래요?
There is no coffee. Can you make me some fresh coffee?

커피 머신이 작동을 안 하네요.
The coffee maker is not working.

조식이 포함된 가격인가요?
Is breakfast included in the price?

조식은 어디서 먹나요?
Where is breakfast served?

이 호텔은 무료 조식을 제공하나요?
Do you have a complimentary breakfast?

호텔 서비스

저녁까지 제 가방을 여기에 맡겨도 될까요?
Can I leave my bags here until this evening?

몇 시에 짐을 찾으러 오시나요?
What time will you come back to pick up your bags?

짐 보관은 오후 6시 이후부터는 유료입니다.
We'll charge you for keeping your bags after 6 p.m.

약도 좀 그려 주실래요?
Can you draw me a map?

택시 좀 불러 주시겠어요?
Can you call me a cab?

요청

다른 방을 보여 주시겠어요?
Can you show me a different room?

바다가 보이는 방 있나요?
Do you have a room facing the ocean?

방을 먼저 볼 수 있을까요?
Would it be possible to see the room first?

가위를 좀 빌릴 수 있나요?
Can I borrow your scissors?

하루 더 묵고 싶습니다.
I would like to stay another night.

전 내일까지 머무를 예정이었는데요, 혹시 오늘 체크아웃을 해도 될까요?
I'm supposed to stay until tomorrow, but can I check out today?

사실은 오늘이 저희의 기념일이에요.
Actually, it's our anniversary today.

불편사항

제 방 변기가 막혔어요.
My toilet is clogged.

제 방 변기 물이 안 내려가요.
My toilet will not flush.

제 방 욕조 물이 빠지지 않아요.
My bathtub is clogged.

담배 냄새가 나요.
It smells like smoke.

제 방 화장실 문이 안 열리네요.
I can't open the bathroom door in my room.

호텔 문의

에어컨은 어떻게 켜나요?
How do I turn on my AC?

저기에 주차를 해도 되나요?
Is it okay to park over there?

여기 와이파이에 어떻게 연결하나요?
How do I connect to the Wi-Fi here?

플라자 호텔을 선택하고 3456789를 입력해 주세요.
Click on Plaza Hotel and enter 3456789.

체크인을 일찍 해도 될까요?
Can I have an early check-in?

오셔서 TV를 한번 봐주시겠어요?
Can you come to take a look at my TV?

도움

무슨 문제 있으신가요?
Is something wrong?

숙박은 편안하셨나요?
Did you have a pleasant stay?

제가 도와드릴게요.
I can help you with that.

방 열쇠를 잃어버렸어요.
I've lost my room key.

손님 나이를 여쭤봐도 될까요?
Can I ask how old you are?

03 SPECIAL STORY

호텔 조식

complimentary breakfast vs continental breakfast

호텔 예약 사이트를 보면 이 두 표현이 자주 등장합니다. 길고, 낯선 단어라서 breakfast만 보고 '무료 조식'이겠거니 착각하는 경우가 많은데요. complimentary(무료인)가 들어가는 경우에만 무료로 제공되는 조식이니 잘 구분해야 합니다. complimentary breakfast(무료 조식)는 free breakfast라고도 하며, breakfast included라고 표기하기도 합니다. 한편 continental breakfast(유럽식 조식)는 빵, 주스, 커피 등의 음료와 간단한 음식을 제공하는 유럽식 아침 식사라고 생각하면 됩니다. continental가 '유럽 대륙의'라는 뜻이거든요. 실제로 유럽에선 아침을 든든히 먹는다는 개념이 없고 커피에 빵 한 조각 정도로 위를 깨운다고 하네요. 한편, American breakfest(미국식 조식)는 계란과 곡류가 추가되고, 흔한 미국인의 아침식사인 우유와 시리얼도 나옵니다.
여행의 또 다른 즐거움이기도 한 호텔 조식, 간단한 단어만 알아두면 더 알차게 즐길 수 있어요!

VOCA
한 테이블 당 쿠폰 한 장 one coupon per table
90분 시간 제한 time limit of 90 minutes
음료수 미포함 drinks not included

04 SPECIAL STORY

팁
매너 있게 팁 주기

외국 식당들은 보통 테이블마다 서빙을 담당하는 직원이 정해져 있습니다. 팁도 그 직원에게 주면 됩니다. 다 같이 여러 테이블을 서빙하는 식당의 경우는 팁을 나눠 가집니다. 팁은 보통 세금이 포함되지 않은 금액을 기준으로 음식값의 15-20%를 줍니다. 예를 들어 음식 값이 총 30달러가 나왔을 때, 세금이 3달러 포함됐다고 하면 실제 음식 값은 27달러입니다. 그러면 팁은 27달러의 15-20%인 4-5달러 정도가 됩니다. 또 팁은 손님이 만족한 정도를 나타낼 수 있는 수단이기 때문에 서비스가 마음에 안 들면 최소한으로 주기도 하고, 마음에 들면 20% 이상의 팁을 주는 경우도 많습니다. 참고로 뷔페는 셀프로 음식을 담아 먹기 때문에 직원 당 1달러씩 팁을 주거나 음식 값의 5-10%를 팁으로 주는 경우도 있습니다. 쿠폰을 사용하는 경우에는 쿠폰 적용 전 가격을 기준으로 팁을 주면 됩니다. 아래의 팁 차트를 참고해서 상황에 맞게 적용하세요.

팁 차트	
짐 운반 가방 당 1-2달러	**미용실** 15-20%
대리 주차(valet parking) 1-3달러	**운전** 15-20%
룸서비스 10%, 많은 걸 요청했을 때는 15-20%	**방 청소** 하루에 1-3달러, 한 방에 많은 사람이 묵을 때는 5달러

24 Are there any... around...? 혹시 ~ 주변에 ~가 있나요?
25 Can I ask...? ~를 물어봐도 될까요?
26 Are you -ing...? 당신은 ~할 건가요?
27 What time does...? ~는 몇 시인가요?
28 What time is the next...? 다음 ~는 몇 시인가요?

29 Where can I...? ~는 어디서 할 수 있나요?
30 Can you...? ~해 주시겠어요?
31 Can I use...? 제가 ~를 써도 될까요?
32 Do you mind if I...? 제가 ~해도 괜찮을까요?
33 How much do you charge for...? ~는 얼마인가요?

떠나기 전에 듣는
3분 미니강의

PART 4
관광

여행영어 특급패턴101

Are there any... around...?

혹시 ~ 주변에 ~가 있나요?

숙소 주변이나 현재 위치에서 맛있는 식당, 가볼 만한 관광지를 추천받고 싶다면 Are there any... around...? 패턴으로 질문을 해 봅시다. 장소를 가리키는 표현은 place나 spot을 주로 쓰고, 여러 장소 중에 좋은 곳을 추천받는 것이므로 장소는 복수로 씁니다. 유사 패턴으로 Is there a... around...?도 있습니다.

혹시 이 주변에 아침식사 잘 하는 곳이 있나요?
Are there any good breakfast places **around** here?

혹시 이 주변에 괜찮은 이탈리아 식당 있나요?
Are there any nice Italian restaurants **around** here?

혹시 지하철역 근처에 괜찮은 술집 있나요?
Are there any nice bars **around** the subway station?

혹시 이 호텔 근처에 마사지 잘하는 데 있나요?
Are there any good places for a massage* **around** this hotel?   massage 마사지

혹시 런던 시내에 쇼핑하러 가기 좋은 곳 있나요?
Are there any good places to go shopping **around** downtown London?   place 장소, (특정한) 곳

A: Excuse me. **Are there any good places for a massage around this hotel?**
B: There's one across the street from here. It's a very popular massage place. If you bring this, you can get a 20% discount.   across 건너서   get a discount 할인을 받다
A: Cool. Thanks.

A: 저기 죄송한데, 혹시 이 호텔 근처에 마사지 잘하는 데 있나요?
B: 여기서 건너편에 하나 있어요. 아주 인기있는 마사지 가게예요. 이거 가져가시면 20% 할인받을 수 있어요.
A: 좋네요. 감사합니다.

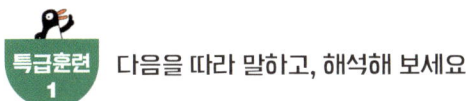 다음을 따라 말하고, 해석해 보세요.

1 Are there any nice Italian restaurants around here?
2 Are there any nice bars around the subway station?
3 Are there any good breakfast places around here?
4 Are there any good places to go shopping around downtown London?
5 Are there any good places for a massage around this hotel?

 힌트 단어를 예문에 넣어 영어로 말해 보세요.

1 혹시 이 주변에 피자 잘 하는 곳이 있나요?   *good pizza places around here*
2 혹시 이 주변에 괜찮은 타코 식당 있나요?   *nice taco restaurants around here*
3 혹시 지하철 역 근처에 괜찮은 디저트 가게가 있나요?   *nice dessert places around the subway station*
4 혹시 이 호텔 근처에 네일 아트 잘하는 데 있나요?   *good nail salons around this hotel*
5 혹시 방콕 시내에 춤추러 가기 좋은 곳 있나요?   *good places to go dancing around downtown Bangkok*

★ **여행의 피로를 풀어 주는 스파와 마사지**

스파(spa)라고 하면 온천이나 사우나로만 생각하기 쉬운데, 사실 마사지를 포함한 건강 휴양 시설을 포괄적으로 지칭하는 표현입니다. 마사지를 받을 때 마사지 강도를 조절하는 표현도 알아 두세요.

아파요.
⊙ That hurts.

더 세게[살살] 해 주실래요?
⊙ Can you go harder[easier]?

어깨를 좀 더 마사지 해 주실래요?
⊙ Can you massage my shoulders a little more?

특급패턴 025

Can I ask...? ~를 물어봐도 될까요?

여행을 가면 낯선 사람에게 Can I ask...?로 길을 묻거나 정보를 물어볼 일이 많이 생깁니다. 답변을 제대로 못 들었다면 Excuse me?나 I'm sorry?, Pardon me?(뭐라고요?)라고 다시 물어보세요.

뭐 좀 물어봐도 될까요?
Can I ask you something?

그거 어디서 샀는지 물어봐도 될까요?
Can I ask where you bought it?
bought buy(사다)의 과거형

길 좀 물어봐도 될까요?
Can I ask you for directions?   directions 길 안내

수족관 가는 길 좀 물어봐도 될까요?
Can I ask you how to get to the aquarium?   aquarium 수족관

여기에 쓸 쿠폰은 어디서 찾는 건지 물어봐도 될까요?
Can I ask you where I can find a coupon for this?

🟠 **가는 길은 여러 가지**
가고자 하는 장소는 한 곳이지만 가는 방법은 여러 가지가 있습니다. 그래서 direction이 보통 복수형 directions로 쓰이죠. 앞에 some이 붙어서 some directions라고도 자주 씁니다.

특급 대화

A: Excuse me. **Can I ask you how to get to the aquarium?**
B: I'm actually heading in that direction, too. Why don't you follow me?
A: Okay. Thanks. This place is really huge.   huge 거대한
B: I know. It's one of the largest amusement parks in the world.   amusement park 놀이공원

A: 실례지만, 수족관 가는 길을 좀 물어봐도 될까요?
B: 저도 실은 거기 가는 길이거든요. 저 따라오실래요?
A: 네, 감사합니다. 여기 너무 넓네요.
B: 그러게요. 세계에서 가장 큰 놀이공원 중에 하나니까요.

특급훈련 1 다음을 따라 말하고, 해석해 보세요.

1 Can I ask where you bought it?
2 Can I ask you how to get to the aquarium?
3 Can I ask you something?
4 Can I ask you where I can find a coupon for this?
5 Can I ask you for directions?

특급훈련 2 힌트 단어를 예문에 넣어 영어로 말해 보세요.

1 뭐 좀 물어봐도 될까요? 옆을 보지 말고, 외워서 말해 보세요.
2 그거 어디서 빌렸는지 물어봐도 될까요? where you borrowed it
3 길 좀 물어봐도 될까요? 옆을 보지 말고, 외워서 말해 보세요.
4 정원에 가는 길 좀 물어봐도 될까요? you how to get to the garden
5 여기에 필요한 정보는 어디서 찾는 건지 물어봐도 될까요? you where I can find the information for this

---

★ 이 표현도 알아 두면 Great!

전 세계적으로 유명한 관광지
◎ tourist destinations

명소; 명물
◎ attractions

전망대
◎ observatory

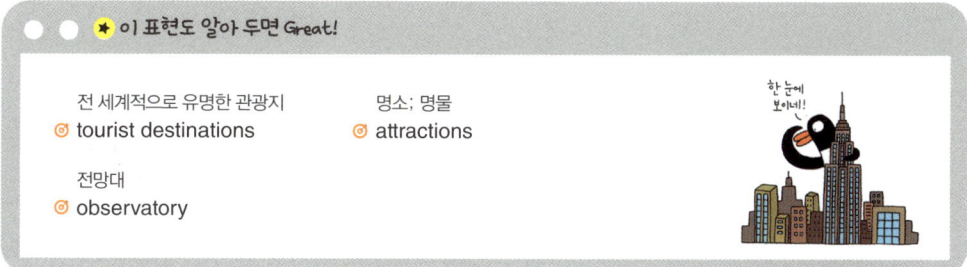

Are you -ing...? 당신은 ~할 건가요?

특급패턴 026

Are you -ing...?는 간단해 보여도 실제 대화에서는 곧장 생각이 안 나는 패턴입니다. 그러니 예문을 통해 기억하는 게 가장 좋습니다. be동사+ing는 현재진행형이지만 경우에 따라 미래형으로 해석할 수도 있습니다. 실제 상황에서는 말하는 사람이 어떤 것을 의도하는지 바로 알 수 있으니 두 시제의 구분 방법을 고민할 필요는 없습니다.

올라가세요?
Are you going up? go up 올라가다

내려가세요?
Are you going down? go down 내려가다

줄을 서신 건가요?
Are you waiting in line?* wait in line 줄을 서서 기다리다

이거 반납하실 건가요?
Are you returning this? return 반납하다; 반품하다

당신을 도와주는 분이 계신가요?
Are you being helped? being helped 도움을 받다

특급대화

A: Excuse me. **Are you waiting in line?**
B: No, I'm not. Go ahead.
A: Thanks.

A: 죄송한데, 지금 줄 서고 계신 건가요?
B: 아니요, 전 아니에요. 줄 서세요.
A: 감사합니다.

특급훈련 1 다음을 따라 말하고, 해석해 보세요.

1 Are you being helped?
2 Are you returning this?
3 Are you waiting in line?
4 Are you going down?
5 Are you going up?

특급훈련 2 힌트 단어를 예문에 넣어 영어로 말해 보세요.

1 체크아웃을 하실 건가요?　　　　　　　　　　　　　　　　　　　checking out
2 이거 사용하고 계시는 건가요?　　　　　　　　　　　　　　　　　　using this
3 지금 계산하실 건가요?　　　　　　　　　　　　　　　　　　　　　paying now
4 뭔가를 찾고 계신 건가요?　　　　　　　　　　　　　　　looking for something
5 이것들을 사실 건가요?　　　　　　　　　　　　　　　　　　　　buying these

★ 새치기 잡는 영어 표현

유명한 관광지나 테마파크에 가면 줄을 오래 서서 기다려야 합니다. 그럴 때 중간에 슬쩍 끼어들어 새치기를 하려는 매너 없는 사람이 보이면 한 마디 해야겠죠. 새치기는 영어로 cut in line, push in(영국)이라고 합니다.

새치기 하지 마세요.　　　　당신도 줄을 서세요.　　　　저 지금 줄 서 있는 거예요.
◎ Don't cut in line.　　◎ You've got to stand in line.　　◎ I'm standing in line.

특급패턴 027

What time does...?
~는 몇 시인가요?

정확한 시간을 알 수 없는 행사의 경우, 현지인에게 시간을 물어보는 것이 좋습니다. What time does...?는 앞서 나온 What time...? 패턴처럼 시간을 물어보는 말로 쓸 수도 있고, 뒤에 나오는 동사를 활용해서 더 구체적인 질문을 할 수도 있습니다.

불꽃놀이는 몇 시에 시작하나요?
What time does the fireworks show begin? fireworks 불꽃놀이

매표소는 몇 시에 문을 여나요?
What time does the ticket office open? ticket office 매표소

퍼레이드는 몇 시에 시작하나요?
What time does the parade start? parade 행진

마술 쇼는 몇 시에 시작하나요?
What time does the magic show start? magic show 마술 쇼

오늘 이 가게는 몇 시에 문을 닫나요?
What time does your store close today?

특급 대화

A: What time does the magic show start?
B: At seven p.m.
A: Do you still have seats available? available 구하거나 이용할 수 있는
B: We do, but only a few. a few 조금

   A: 마술 쇼는 몇 시에 시작하나요?
   B: 저녁 7시요.
   A: 아직 좌석이 있나요?
   B: 있긴 한데, 몇 장밖에 없네요.

🟢 **begin과 start의 차이**
둘 다 '시작하다'라는 뜻을 가졌고, 서로 바꿔 쓸 수 있습니다. 단, 새로운 사업을 시작하거나 자동차 같은 기계가 작동하기 시작한다는 말을 할 때는 반드시 start를 써야 합니다.

새로운 사업을 시작할 거야.
I will start a new business.
내 차 시동이 안 걸려.
My car won't start.

특급훈련 1 · 다음을 따라 말하고, 해석해 보세요.

1. What time does the magic show start?
2. What time does your store close today?
3. What time does the ticket office open?
4. What time does the fireworks show begin?
5. What time does the parade start?

특급훈련 2 · 힌트 단어를 예문에 넣어 영어로 말해 보세요.

1. 공연은 몇 시에 시작하나요? — the show begin
2. 저 카페는 몇 시에 문을 여나요? — that cafe open
3. 오페라는 몇 시에 시작하나요? — the opera start
4. 연극은 몇 시에 시작하나요? — the play start
5. 오늘 쇼핑몰은 몇 시에 문을 닫나요? — the shopping mall close today

★ 박물관, 미술관 갈 땐 가이드를 찾기 세요

큰 규모의 박물관이나 미술관에서는 다양한 언어의 음성 가이드를 제공합니다. 또 전문 안내원이 설명을 해 주는 가이드 투어도 있습니다. 그냥 둘러보고 나오는 것과는 천지차이니까, 작품을 제대로 즐기려면 가이드를 꼭 이용해 보세요.

- 박물관 등의 안내원: docent [도슨트]
- 학예사: curator [큐레이터]
- 안내용 책자: brochure [브로슈어]
- 음성 가이드: audio guide [오디오 가이드]

특급패턴 028

What time is the next...?
다음 ~는 몇 시인가요?

버스나 기차를 놓쳤다면 다음 차를 기다려야 하는데요. 몇 시에 다음 차가 오는지, 다음 공연은 몇 시인지와 같이 다음에 예정된 것에 대해 물어볼 때는 **next**를 씁니다.

다음 상영 시간은 몇 시인가요?
What time is the next showing? showing 상영

다음 영화는 몇 시인가요?
What time is the next movie?

다음 쇼는 몇 시인가요?
What time is the next show?

다음 비행기는 몇 시인가요?
What time is the next flight?

다음 버스는 몇 시에 오나요?
What time is the next bus?

특급대화

A: **What time is the next show?**
B: Not until three in the afternoon.
A: Nothing before?
B: Nope.

A: 다음 쇼는 몇 시인가요?
B: 오후 3시부터 있어요.
A: 그 전에는 없고요?
B: 네.

브로드웨이의 행운
뉴욕 브로드웨이 뮤지컬에는 현장에서 추첨해서 파는 **lottery ticket**이 있습니다. 말 그대로 복권 티켓이라 좌석을 알 수 없지만 운이 좋으면 좋은 자리를 저렴하게 구입할 수 있어요.

특급훈련 1 다음을 따라 말하고, 해석해 보세요.

1 What time is the next show?
2 What time is the next bus?
3 What time is the next showing?
4 What time is the next flight?
5 What time is the next movie?

특급훈련 2 힌트 단어를 예문에 넣어 영어로 말해 보세요.

1 다음 열차는 몇 시인가요? — train
2 다음 연극은 몇 시인가요? — play
3 다음 탑승은 몇 시인가요? — boarding
4 다음 출발은 몇 시인가요? — departure
5 다음 배는 몇 시인가요? — ferry

★ 제가 지금 너무 급해요!

현지의 교통 상황을 가늠하기 어려우니 늘 여유 있게 움직이는 것이 좋지만, 어쩔 수 없이 급하게 움직여야 한다면 이렇게 말해 보세요.

11시까지 도착할 수 있을까요?
◎ Can we get there by 11?

제가 지금 급해서요.
◎ I'm in a hurry.

특급패턴 029

Where can I...? ~는 어디서 할 수 있나요?

필요한 물건이나 장소, 사람이 어디에 있는지 물어볼 때 쓰는 패턴입니다. 주어 자리에 I 대신 you를 넣어도 같은 의미로 쓸 수 있습니다. '당신이 ~하는 곳은 어디입니까?' 즉, '나도 ~하고 싶으니 장소를 알려 주세요.' 이런 뜻인 거죠.

안내소는 어디에 있나요?
Where can I find the information desk?   information desk 안내소

기념품은 어디서 살 수 있나요?
Where can I buy souvenirs?   souvenir 기념품

추가 정보는 어디서 얻을 수 있나요?
Where can I find more information?   find 찾다

저는 어디서 기다려야 하나요?
Where can I wait?   wait 기다리다

시내로 가는 버스는 어디서 탈 수 있나요?
Where can I take the bus to go downtown?   downtown 시내에

A: Excuse me. Can I ask you a question?
B: Sure, go ahead.
A: Where can I buy souvenirs? Are there any gift shops nearby?   nearby 근처에
B: If you go two blocks down this way, you'll see one on your right.

A: 저기, 뭐 하나 여쭤봐도 될까요?
B: 네, 그러세요.
A: 기념품은 어디서 살 수 있나요? 혹시 근처에 선물 용품 가게 있나요?
B: 이쪽으로 두 구역 내려가면 오른쪽에 보일 거예요.

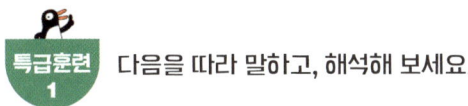 다음을 따라 말하고, 해석해 보세요.

1 Where can I buy souvenirs?
2 Where can I take the bus to go downtown?
3 Where can I find more information?
4 Where can I find the information desk?
5 Where can I wait?

 힌트 단어를 예문에 넣어 영어로 말해 보세요.

1 안내소는 어디에 있나요?   *옆을 보지 말고, 외워서 말해 보세요.*

2 표는 어디서 살 수 있나요?   buy tickets

3 쿠폰은 어디서 얻을 수 있나요?   get coupons

4 어디서 기다려야 하나요?   *옆을 보지 말고, 외워서 말해 보세요.*

5 시내로 가는 지하철은 어디서 탈 수 있나요?   take the subway to go downtown

★ **여행자의 오아시스, 관광안내소**

관광안내소는 Tourist Information Center라고 하고, 수도 관광시나 큰 역 주변에 있습니다. 여행 정보를 얻고, 표를 싸게 구입하기도 하고, 휴대폰 충전도 하고, 한숨 쉬어 갈 수도 있는 관광안내소는 여행자에게 오아시스 같은 곳이죠.

제 휴대폰 배터리가 나갔어요.
◉ I'm out of cell phone battery.

여기서 휴대폰 충전할 수 있나요?
◉ Can you charge my cell phone here?

Can you...? ~해 주시겠어요?

여행 중에는 예상치 못한 상황이 종종 발생합니다. 모르는 사람에게 부득이하게 어떤 일을 부탁해야 할 때는 먼저 정중하게 Excuse me.로 말을 시작한 뒤 Can you...? 패턴으로 용건을 말해 보세요. 더 정중하게 말하고 싶다면 Could you...?나 Do you mind -ing...?라고 하면 됩니다.

제 가방을 잠깐 봐 주시겠어요?
Can you watch my bag for a minute?   watch 지켜보다 for a minute 잠깐 동안

엘리베이터 좀 잡아 주시겠어요?
Can you hold the elevator?   hold 사람이나 사물을 특정한 위치에 두고 유지하다

문 좀 열어 주시겠어요?
Can you get* the door for me?   get the door 문을 열다

저 좀 도와주실 수 있나요?
Can you give me a hand?   give 사람 a hand 누구를 도와주다

저희 사진 좀 찍어 주실 수 있나요?
Can you take a picture for us?

A: Can you give me a hand?
B: Sure. What do you need?
A: I need to take the bus. Can you break a 20-dollar bill?
B: How do you want it?
A: Can I have two fives and one ten?

  A: 저 좀 도와주실 수 있나요?
  B: 네, 뭐가 필요하신가요?
  A: 버스를 타야 해서요. 20달러 지폐를 잔돈으로 바꿔 주실 수 있을까요?
  B: 어떻게 바꿔 드릴까요?
  A: 5달러 두 개, 10달러 한 개로 바꿔 주실 수 있나요?

특급훈련 1 다음을 따라 말하고, 해석해 보세요.

1. Can you hold the elevator?
2. Can you take a picture for us?
3. Can you get the door for me?
4. Can you watch my bag for a minute?
5. Can you give me a hand?

특급훈련 2 힌트 단어를 예문에 넣어 영어로 말해 보세요.

1. 제 자리를 잠깐 맡아 주시겠어요? — watch my seat for a minute
2. 엘리베이터 좀 잡아 주시겠어요? — 옆을 보지 말고, 외워서 말해 보세요.
3. 문 좀 열어 주시겠어요? — 옆을 보지 말고, 외워서 말해 보세요.
4. 저 좀 도와주실 수 있나요? — 옆을 보지 말고, 외워서 말해 보세요.
5. 제 사진 좀 찍어 주실 수 있나요? — take a picture for me

★ 엘리베이터 잡을 땐 만능동사 get을 쓰세요

get은 뜻이 아주 많은데 hold처럼 '열어 주다, 잡아 주다'라는 의미로도 씁니다. 문이나 엘리베이터처럼 누군가를 위해 어떤 것을 열고, 잡아 주는 상황에서 쓸 수 있어요.

엘리베이터 좀 잡아 주실래요?
◎ Can you get the elevator?

잡았어요.
◎ I got it.

특급패턴 031

Can I use...? 제가 ~를 써도 될까요?

물건을 빌리거나 화장실 등을 이용할 때 상대에게 허락을 구하는 표현입니다. use 자리에 borrow나 go, take 같은 동사를 넣어 다양한 상황에서 적절하게 응용하세요. 좀 더 정중하게 말할 때는 Can 대신 Could를 넣고, 이보다 더 정중하게 말할 때는 May를 쓰기도 합니다.

저 이거 써도 되나요?
Can I use this?

잠깐만 당신의 펜을 좀 써도 될까요?
Can I use your pen for a second?
for a second 잠시 동안

당신의 전화를 잠깐만 써도 될까요?
Can I use your phone real quick? quick 빠른

화장실 좀 써도 되나요?
Can I use your bathroom? bathroom 화장실

잠깐만 당신의 컴퓨터를 써도 될까요?
Can I use your computer for a minute?

휴대폰은 영어로?
휴대폰은 영어로 cellular phone입니다. 줄여서 cell phone이나 cell 또는 phone이라고도 합니다. 참고로 mobile phone이라고도 말하는데 이 표현은 주로 글을 쓸 때 자주 씁니다.

 특급대화

A: Can I use your bathroom?
B: Sure, it's down the hall. It's the first door to your right. hall 복도; 현관
A: Thanks.

A: 화장실 좀 써도 되나요?
B: 네, 복도를 따라가시면 오른쪽 첫 번째 문이에요.
A: 감사합니다.

특급훈련 1 다음을 따라 말하고, 해석해 보세요.

1. Can I use your phone real quick?
2. Can I use your pen for a second?
3. Can I use your bathroom?
4. Can I use your computer for a minute?
5. Can I use this?

특급훈련 2 힌트 단어를 예문에 넣어 영어로 말해 보세요.

1. 저 저거 써도 되나요? — that
2. 잠깐만 당신의 펜을 좀 써도 될까요? — 옆을 보지 말고, 외워서 말해 보세요.
3. 잠깐만 당신의 노트북을 써도 될까요? — your laptop real quick
4. 화장실 좀 써도 되나요? — 옆을 보지 말고, 외워서 말해 보세요.
5. 당신의 아이패드를 잠깐만 써도 될까요? — your ipad for a minute

⭐ **잠시만, 아주 잠깐만 쓸게요**

물건을 빌릴 때는 잠깐만 쓰고 금방 돌려주겠다는 뉘앙스를 잘 전달해야 상대방이 물건을 빌려줄 가능성이 높아지겠죠. 문장 끝에 '잠시, 잠깐'을 뜻하는 표현을 붙이기만 하면 됩니다.

잠시 동안, 잠깐만
- for a second [sec]
- for a minute
- real quick

Do you mind if I...?
제가 ~해도 괜찮을까요?

Do you mind if I...?는 직역하면 '제가 만약 ~한다면 당신이 불편할까요?'라는 말로 mind(꺼려하다)가 들어가서 조심스럽게 상대방의 의사를 물어보는 패턴입니다. 일반적으로는 Do you 부분을 생략하고 Mind if I ask you something?(뭐 좀 물어봐도 괜찮을까요?)처럼 말하는 편입니다.

제가 여기 앉아도 괜찮을까요?
Do you mind if I sit here?

저 이거 하나 가져가도 괜찮을까요?
Do you mind if I take this one?　take 가져가다

사진을 찍어도 괜찮을까요?
Do you mind if I take a picture?　take a picture 사진을 찍다

제 주문을 바꿔도 괜찮을까요?
Do you mind if I change my order?

제가 이 의자를 가져가도 괜찮을까요?
Do you mind if I take this chair?

A: Excuse me.
B: Yes?
A: Do you mind if I take this chair?
B: Not at all. Go ahead.

　A: 실례합니다.
　B: 네?
　A: 제가 이 의자를 가져가도 괜찮을까요?
　B: 그럼요. 가져가세요.

● 불편하면 NO!
Do you mind if I...?로 물어봤을 때 괜찮다는 답은 No.입니다. 부정형 질문에는 부정으로 답해야 '불편하지 않다'는 말이 되기 때문이죠. 괜찮으면 No, 싫으면 Yes라고 반대로 답하면 됩니다.

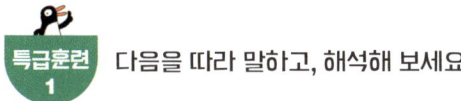 다음을 따라 말하고, 해석해 보세요.

1. Do you mind if I sit here?
2. Do you mind if I take a picture?
3. Do you mind if I take this chair?
4. Do you mind if I take this one?
5. Do you mind if I change my order?

 힌트 단어를 예문에 넣어 영어로 말해 보세요.

1. 제가 여기 서 있어도 괜찮을까요? — stand here
2. 제가 이것들을 가져가도 괜찮을까요? — take theses
3. 사진을 찍어도 괜찮을까요? — 옆을 보지 말고, 외워서 말해 보세요.
4. 제 주문을 취소해도 괜찮을까요? — cancel my order
5. 창문 좀 열어도 괜찮을까요? — open the window

★ 남는 건 사진뿐!

여행 순간을 오래 기억하게 해주는 사진. 남에게 사진을 찍어달라고 부탁할 때는 Can you take a picture for us?라고 합니다. 상대편에서 먼저 사진을 찍어 주겠다고 하는 경우에는 사진기의 사용법을 알려 주면 됩니다.

제가 사진 찍어 드릴까요?
◉ Do you want me to take a picture for you?

친절하시네요. 이걸 누르면 돼요.
◉ You're so kind. Just press this.

특급패턴 033

How much do you charge for...?

~는 얼마인가요?

charge는 '청구하다'라는 의미로, How much do you charge for...?는 '당신은 ~에 대해 얼마를 청구합니까?'라고 묻는 패턴입니다. 즉, 내가 얼마를 내야 하는지 물어보는 말인 거죠.

전망대 올라가는 건 얼마인가요?
How much do you charge for going up the observation deck? observation deck 전망대

사람이 한 명 더 추가되면 얼마인가요?
How much do you charge for an extra person?

하룻밤에 얼마인가요?
How much do you charge for a night? for a night 하룻밤에

공항 픽업 서비스는 얼마나 하나요?
How much do you charge for an airport pick-up?

화장실 이용하는 데 얼마인가요?
How much do you charge for using the restroom?

A: **How much do you charge for an airport pick-up?**
B: We charge 10 dollars.
A: That's not too bad.
B: Let us know the date and time of your arrival if you need one. arrival 도착
A: I will. Thanks.

A: 공항 픽업 서비스는 얼마나 하나요?
B: 10달러요.
A: 나쁘지 않네요.
B: 혹시 필요하시면 도착 날짜랑 시간 알려 주시기 바랍니다.
A: 그럴게요. 감사합니다.

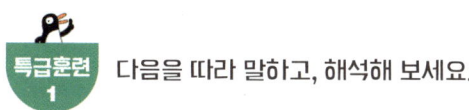

특급훈련 1 다음을 따라 말하고, 해석해 보세요.

1 How much do you charge for an airport pick-up?
2 How much do you charge for a night?
3 How much do you charge for an extra person?
4 How much do you charge for using the restroom?
5 How much do you charge for going up the observation deck?

특급훈련 2 힌트 단어를 예문에 넣어 영어로 말해 보세요.

1 세탁비는 얼마를 내야 되나요? *doing laundry*
2 와이파이는 얼마인가요? *Wi-Fi*
3 급행권은 얼마인가요? *an express ticket*
4 공항 픽업 서비스는 얼마나 하나요? *옆을 보지 말고, 외워서 말해 보세요.*
5 케이블카 타는 건 얼마인가요? *riding the cable car*

★ 다양한 교통수단을 경험해 보자

택시, 버스, 지하철, 렌트카 등 일반적인 교통수단 말고도 여행지의 특성에 따라 독특한 교통수단이 있습니다. 강이나 바다를 끼고 있는 도시에서는 배를 일상적인 교통수단으로 이용해요. 유럽에서는 노면전차인 트램(tram)도 흔하게 볼 수 있습니다. 또 자동차와 오토바이의 중간 형태를 한 차는 동남아시아 어디를 가도 만날 수 있죠. 이 차는 나라에 따라 툭툭(Tuk Tuk), 릭샤(Rickshaw)처럼 부르는 명칭도 다릅니다.

MORE
관광할 때 꼭 쓰는 단어와 표현

관광지

명소, 명물 attraction
관광지 tourist attractions
박물관 museum
미술관 art museum
전시회 exhibition
전망대 observatory
천문대 astronomical observatory
관광 안내 tour guide
매표소 ticket office
휴게소 rest area [stop]
짐 보관소 luggage storage
안내용 책자 brochure
나눠주다 hand [give] out
공유하다 share

안내 사항

당기시오 pull
미시오 push
복장 규정 dress code & rules
소리를 키우다[줄이다] turn the volume up [down]
사진 촬영 금지 no pictures allowed here
플래시 금지 no flash

즐길거리

스파 spa
음료와 음식도 파는 대중적인 술집 pub
식당 restaurant
기념품 가게 gift [souvenir] shop
기념품 souvenir
지역 특산품 local specialty goods [products]
쇼핑몰 shopping mall
벼룩시장 flea market

추천 받기

인기 있는 현지 식당은 어디인가요?
What are some popular local restaurants?

이 호텔 주변에 산책할 만한 공원이 있나요?
Is there a park where I can take a walk near this hotel?

사람이 적을수록 좋아요.
The fewer people, the better.

야경을 보기 가장 좋은 곳은 어디인가요?
Where is the best place for a night view?

타로 점은 어디서 볼 수 있나요?
Where can I get a tarot card reading?

사진 찍기 가장 좋은 곳은 어디인가요?
Where is the best spot to take pictures?

관광 문의

한국어 오디오 가이드 있나요?
Do you have audio guides in Korean?

가이드 투어를 하고 싶어요.
I need a tour guide.

여기서 담배를 피워도 되나요?
Can I smoke here?

여기 영업시간이 어떻게 되나요?
What are your store hours?

몇 시까지 문을 여나요?
What time is the store open until?

제가 몇 시에 다시 와야 하나요?
What time should I come back?

감상

여기 정말 좋네요.
I love it here.

아름다워요.
It's beautiful.

제가 본 것 중에 최고예요.
It's the best I've ever seen.
It's the best ever!

정말 재미있어요.
I had so much fun.
It was so much fun.

전 여기 또 오고 싶어요.
I want to come back here again.

금지사항

음식물 반입 금지
No food or drinks allowed.

사진 촬영 금지
No photos.
Cameras prohibited.

어린이 입장 금지
No children allowed.

부탁과 양해

여기 앉아도 괜찮을까요?
Is it okay to sit here?

(앉을 때) 옆으로 좀 가주시겠어요?
Can you scoot over?

이것 좀 들어주실래요?
Can you hang onto this?

저 대신 이것 좀 해주실 수 있을까요?
Can you do this for me?

올라가세요 아니면 내려가세요?
Are you going up or down?

몇 층으로 가세요?
Which floor?

사진 찍어 드릴까요?
Do you want me to take a picture for you?

이걸 누르면 돼요.
Just press this.

제 거 쓰세요.
You can use mine.

제가 해 드릴게요.
I'll do it for you.

먼저 하세요.
Go ahead first.

이해해 주셔서 감사합니다.
Thanks for your understanding.

끼어들어서 미안합니다. 일행이라서요.
Sorry I cut in. I'm with them.

죄송한데, 잠깐 통화 좀 하겠습니다.
Sorry, but I need to make a quick phone call.

옆에 제 짐을 좀 놔도 될까요?
Do you mind if I leave my bag here?

소리 좀 키워도 될까요?
Do you mind if I turn the volume up?

호칭

처음 보는 사람을 뭐라고 부를까?

Hi.
Hello. 안녕하세요.
Excuse me. 실례합니다.

거리나 식당에서 낯선 사람에게 말을 걸 때 긴장되시죠? 일단 가볍게 인사를 건네면서 대화를 시작하세요. 일반적으로 젊은 사람들은 이런 식으로 말을 거는 편입니다. 위에 나오는 표현은 처음 보는 사람에게 '저기요'라고 말을 거는 느낌으로도 쓸 수 있습니다. 이렇게 상대에게 말을 걸면 따로 어떤 호칭으로 부를 필요가 없죠. 융통성 있게 사용하세요.

격식 있는 자리

ma'am [맴] 성인 여성을 부를 때, 미국에서 주로 씁니다.
madam [마담] 성인 여성을 부를 때
sir [써얼] 남성을 부를 때

위의 호칭들은 격식이 필요하거나 나이가 좀 있는 사람을 부를 때 씁니다. 서비스업에 종사하는 직원들이 주로 고객을 부를 때 사용하는 편이죠.

일반적인 자리

Mr. [미스터] 남성을 부를 때
Miss [미스] 주로 미혼 여성을 부를 때 쓰지만, 기혼 여성을 부를 때 써도 됩니다.
Mrs. [미세스] 기혼 여성을 부를 때 쓰는 말입니다.
Ms. [미즈] 혼인 여부와 상관없이 여성을 부를 때 씁니다.

최근에는 상대방을 부를 때 위의 표현을 쓰는 것이 일반적입니다. 이 호칭 뒤에는 **last name** (성)을 붙여 말하세요.

34 Where's...? ~는 어디에 있나요?
35 Is there... nearby? 이 근처에 ~가 있나요?
36 I'm trying to... 전 ~하려고 하는데요
37 Which way is it to...? ~는 어느 쪽인가요?
38 How can I get to...? ~에 어떻게 가나요?
39 How far is...? ~는 얼마나 먼가요?

40 Take a... ~쪽으로 꺾으세요
41 When you see+장소, turn...
 ~가 보이면 ~ 방향으로 가세요
42 Keep going straight... ~ 계속 쭉 가세요
43 You mean...? ~라는 말인가요?
44 Is this...? 여기가 ~인가요?

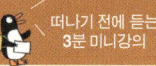
떠나기 전에 듣는
3분 미니강의

PART 5 거리

여행영어 특급패턴101

Where's...? ~는 어디에 있나요?

특급패턴 034

모르는 곳 투성이인 타지에서 길만 잘 찾아도 여행의 절반은 성공입니다. Where's는 Where is가 축약된 패턴으로, 뒤에는 가고자 하는 장소의 이름만 붙이면 됩니다.

워싱턴 스트리트는 어디에 있나요?
Where's Washington Street?

차이나타운은 어디에 있나요?
Where's Chinatown?   Chinatown 차이나타운

버스 정류장은 어디에 있나요?
Where's the bus station?

가장 가까운 ATM은 어디에 있나요?
Where's the nearest ATM?   ATM 현금 자동 입출금기

약국은 어디에 있나요?
Where's the drugstore?   drugstore 약국

특급대화

A: Excuse me. **Where's the drugstore?**
B: If you keep going straight for about three blocks, you'll see it on your right.   go straight 직진하다
A: Thank you.
B: You're welcome.

   A: 실례지만, 약국은 어디에 있나요?
   B: 세 구역 정도 쭉 직진하시면 오른쪽에 보일 거예요.
   A: 감사합니다.
   B: 별 말씀을요.

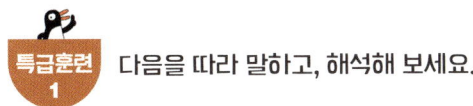 다음을 따라 말하고, 해석해 보세요.

1 Where's the nearest ATM?
2 Where's the bus station?
3 Where's Chinatown?
4 Where's the drugstore?
5 Where's Washington Street?

 힌트 단어를 예문에 넣어 영어로 말해 보세요.

1 빅토리아 스트리트는 어디에 있나요?　　　　　　　　　　　　　　　Victoria Street
2 코리아타운은 어디에 있나요?　　　　　　　　　　　　　　　　　　Koreatown
3 편의점은 어디에 있나요?　　　　　　　　　　　　　　　　　the convenience store
4 가장 가까운 경찰서는 어디에 있나요?　　　　　　　　　　　the nearest police station
5 은행은 어디에 있나요?　　　　　　　　　　　　　　　　　　　　　　the bank

★ 길을 나타내는 단어만 알아도 길 찾기가 쉬어진다

도심으로 뻗은 여러 차선이 있는 큰 도로　　　　　　　　건물 사이사이에 있는 길
◎ boulevard　　　　　　　　　　　　　　　　　　　　◎ street

주로 가로수가 심어진 곧게 뻗은 길　　　　　　　　　　여러 차량이 달리는 도로
◎ avenue　　　　　　　　　　　　　　　　　　　　　◎ road

Is there... nearby?
이 근처에 ~가 있나요?

근처에 있는 것을 물어보는 패턴입니다. '근처'를 나타내는 비슷한 표현으로 nearby 대신 around here를 넣어도 됩니다. 뒤에 오는 내용에 따라 Is there인지 Are there인지가 결정됩니다. 예를 들어 근처에 gas stations(주유소)이 있는지 물어볼 때는 주유소가 복수형이니 Are there...?라고 해야 합니다.

이 근처에 편의점 있나요?
Is there a convenience store* nearby?   convenience store 편의점

이 근처에 뮤지컬 극장 있나요?
Is there a musical theater nearby?   musical theater 뮤지컬 극장

이 근처에 은행이 있나요?
Is there a bank nearby?

이 근처에 괜찮은 한국 식당 있나요?
Is there a good Korean restaurant nearby?

이 근처에 관광안내소가 있나요?
Is there a Tourist Information Center nearby?
Tourist Information Center 관광객 안내소

A: Is there a Tourist Information Center around here?
B: There is, but it's kind of hard to find.
You know what? I'm actually heading in that direction.
Why don't I take you there?   kind of 약간   head ~로 향하다
A: Really? Thank you so much.
B: No problem.

하기 어려워요!
'~하는 것이 어려운'이라는 표현은 'hard to+동사원형'으로 말하면 됩니다.

숨쉬기 어려운
hard to breathe

A: 이 근처에 관광안내소가 있나요?
B: 있기는 한데 찾기가 좀 어려워요. 이럼 어때요?
제가 지금 그쪽으로 가는 길인데 제가 데려다 드릴게요.
A: 진짜요? 정말 감사합니다.
B: 천만해요.

특급훈련 1 다음을 따라 말하고, 해석해 보세요.

1　Is there a bank nearby?

2　Is there a convenience store nearby?

3　Is there a good Korean restaurant nearby?

4　Is there a Tourist Information Center nearby?

5　Is there a musical theater nearby?

특급훈련 2 힌트 단어를 예문에 넣어 영어로 말해 보세요.

1　이 근처에 영화관이 있나요?　　　　　　　　　　　　　　　　a movie theater

2　이 근처에 콘서트홀이 있나요?　　　　　　　　　　　　　　　　a concert hall

3　이 근처에 (운동) 경기장이 있나요?　　　　　　　　　　　　　a (sports) stadium

4　이 근처에 공공 도서관이 있나요?　　　　　　　　　　　　　　a public library

5　이 근처에 큰 백화점이 있나요?　　　　　　　　　　　　a big department store

★ 영미권에는 편의점이 없다?!

아시아 국가에는 골목마다 편의점이 있는 반면 미국이나 캐나다, 유럽에서는 편의점을 찾기 힘듭니다. 미국의 경우 주유소에 있는 마트가 그나마 편의점과 유사한데 24시간 운영하지는 않습니다. 필요한 물건을 숙소 근처에서 쉽게 구할 수 있다 생각하고 여행을 떠났다가 낭패를 볼 수도 있으니 미리 준비해 가는 게 좋겠죠.

마트　　　　　　슈퍼마켓　　　　　　편의점
ⓒ grocery store　ⓒ supermarket　　ⓒ convenience store

특급패턴 036 I'm trying to... 전 ~하려고 하는데요

I'm trying to...를 활용해 내가 지금 무엇을 하려는 건지 말해 봅시다. I want to...라고 해도 되지만 I'm trying to...가 '나는 지금 ~하려고 노력하고 있다'라는 어감을 더 잘 전달합니다.

전 여기를 찾고 있어요.
I'm trying to find this place.

전 시티은행을 찾고 있어요.
I'm trying to find Citibank.

전 미술관에 가려고 해요.
I'm trying to go to the art museum.

전 빅 마이크스라는 식당에 가려고 해요.
I'm trying to go to the restaurant called Big Mike's.

전 이 주소로 가려고 해요.
I'm trying to go to this address.

특급
대화

A: Hi, I think I'm lost. **I'm trying to go to this place.**
B: Let me see. The Henry Zoo? It's not too far from here.
A: Okay, can you tell me how to get there?
B: Just follow this road for about 10 minutes. Then you'll see it.   follow 따라가다, 따라오다
   It's a big zoo, so you can't miss it.*

　　A: 안녕하세요. 제가 길을 잃은 것 같아요. 여기를 가려고 하는데 말이죠.
　　B: 어디 보자. 헨리 동물원? 여기서 그리 멀지 않아요.
　　A: 그렇군요. 거기 가는 방법을 알려 주실 수 있나요?
　　B: 그냥 이 길을 따라 10분 정도 가세요. 그러면 보일 거예요. 큰 동물원이니까 쉽게 찾으실 거예요.

특급훈련 1
다음을 따라 말하고, 해석해 보세요.

1 I'm trying to go to the restaurant called Big Mike's.
2 I'm trying to find Citibank.
3 I'm trying to find this place.
4 I'm trying to go to the art museum.
5 I'm trying to go to this address.

특급훈련 2
힌트 단어를 예문에 넣어 영어로 말해 보세요.

1 전 이 식당을 찾고 있어요. find this restaurant
2 전 동물원을 찾고 있어요. find the zoo
3 전 식물원에 가려고 해요. go to the botanical garden
4 전 마리아 오페라 극장에 가려고 해요. go to the Maria opera theater [house]
5 전 이 주소로 가려고 해요. 옆을 보지 말고, 외워서 말해 보세요.

⭐ **놓치지 않을 거예요!**

You can't miss it.은 직역하면 '당신은 그것을 놓칠 수 없다'입니다. 여기서 it은 가려고 하는 장소를 말합니다. 길 안내를 받을 때 이 말을 들었다면 '그곳을 지나치기 힘들다', 즉 눈에 잘 띄어서 바로 보일 것이라는 뜻으로 생각하면 됩니다.

Which way is it to...?

~는 어느 쪽인가요?

지도를 볼 때 중요한 건 방향을 찾는 것입니다. 방향이 헷갈릴 때 Which way is it to...?로 가고자 하는 목적지가 어느 방향인지 구체적으로 물어볼 수 있습니다. 물론 길 찾기 만능 패턴인 Where's...?를 써도 됩니다.

주차장은 어느 쪽인가요?
Which way is it to the parking lot?
parking lot 주차장

주유소는 어느 쪽인가요?
Which way is it to the gas station?

버스 정류장은 어느 쪽인가요?
Which way is it to the bus station?

센트럴 파크는 어느 쪽인가요?
Which way is it to Central Park?*

제 1 터미널은 어느 쪽인가요?
Which way is it to Terminal 1?

● 방향
동쪽 east
서쪽 west
남쪽 south
북쪽 north
북동쪽 northeast
북서쪽 northwest
남동쪽 southeast
남서쪽 southwest

A: Excuse me, sir. Can I ask you for directions?
B: Sure.
A: **Which way is it to the bus station?**
B: You just walked past it. Do you see that yellow building?   past 지나서
   It's right there.

A: 죄송한데요. 길 좀 여쭤볼 수 있을까요?
B: 네.
A: 버스 정류장은 어디로 가야 하나요?
B: 지나치셨어요. 저 노란색 건물 보이죠? 바로 저기예요.

 다음을 따라 말하고, 해석해 보세요.

1　Which way is it to the gas station?

2　Which way is it to Central Park?

3　Which way is it to the parking lot?

4　Which way is it to the bus station?

5　Which way is it to Terminal 1?

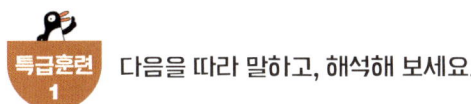 힌트 단어를 예문에 넣어 영어로 말해 보세요.

1　화장실은 어느 쪽인가요?　　　　　　　　　　　　　　　　　　the restroom

2　탈의실은 어느 쪽인가요?　　　　　　　　　　　　　　　the changing room

3　매표소는 어느 쪽인가요?　　　　　　　　　　　　　　　　the ticket office

4　카오산로드는 어느 쪽인가요?　　　　　　　　　　　　　　　Khaosan Road

5　1번 출구는 어느 쪽인가요?　　　　　　　　　　　　　　　　　　　Exit 1

★ 뉴요커들의 휴식처, 센트럴 파크

뉴욕에 있는 센트럴 파크는 전체 면적이 3.41km²에 달하는, 아주 넓고 아름다운 공원입니다. 그 안에 메트로폴리탄 박물관(The Metropolitan Museum of Art), 센트럴파크 동물원(Central Park Zoo), 컨서버토리 정원(Conservatory Garden) 등의 다양한 명소를 보유하고 있죠. 이 때문에 연간 약 4,000만 명이 센트럴 파크에 방문합니다. 연중 무휴로 개방하고 있지만, 새벽에는 공원 출입을 금하고 있습니다.

특급패턴 038
How can I get to...?
~에 어떻게 가나요?

목적지까지 가는 방법을 물어보는 패턴입니다. 걷다가 행인에게 길을 물을 때, 렌터카로 운전을 해서 갈 때, 지하철에서 갈아탈 때 언제든 How can I get to...?만 알면 됩니다.

코리아타운에는 어떻게 가나요?
How can I get to Koreatown?

존슨 스트리트에는 어떻게 가나요?
How can I get to Johnson Street?

94번 고속도로에 어떻게 가나요?
How can I get to Highway 94?

스테이트 캐피톨 빌딩에 어떻게 가나요?
How can I get to the State Capitol Building?

코스트코에는 어떻게 가나요?
How can I get to Costco? Costco 대형 마트 브랜드 코스트코

특급대화

A: **How can I get to the State Capitol Building?**
B: You need to take bus number 10.
A: Is it within walking distance? walking distance 걸어갈 수 있는 거리
B: I don't think so. It takes at least 10 minutes even by bus. at least 적어도 by bus 버스로

A: 스테이트 캐피톨 빌딩에 어떻게 가나요?
B: 10번 버스를 타셔야 해요.
A: 걸어갈 수 있는 거리인가요?
B: 아니요. 버스 타고서도 최소한 10분은 걸려요.

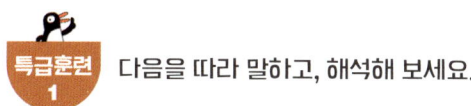 다음을 따라 말하고, 해석해 보세요.

1 How can I get to Costco?
2 How can I get to Highway 94?
3 How can I get to Johnson Street?
4 How can I get to the State Capitol Building?
5 How can I get to Koreatown?

 힌트 단어를 예문에 넣어 영어로 말해 보세요.

1 트레비 분수에는 어떻게 가나요? Trevi Fountain
2 인앤아웃 햄버거 가게에는 어떻게 가나요? In-N-Out burger
3 이 빌딩에 어떻게 가나요? this building
4 링컨 센터에 어떻게 가나요? the Lincoln Center
5 에펠탑에는 어떻게 가나요? the Eiffel Tower

★ 길을 잃었어요!

길을 잘못 들어서 지금 어디에 있는지 모를 때는 아래 표현으로 말하면 됩니다. 왜 잘못 왔는지 간략하게 설명할 수 있다면 더 좋겠죠.

길을 잃어버린 것 같아요.
◎ I think I'm lost.

지금 여기가 어딘가요?
◎ Where am I?

시내로 가야 하는데, 버스에서 잘못 내렸어요.
◎ I need to go downtown, but I got off at the wrong stop.

How far is...? ~는 얼마나 먼가요?

목적지까지의 거리를 알면 가는 방법을 쉽게 선택할 수 있습니다. **How far is…?** 패턴으로 질문하면 상대방은 목적지까지 걸리는 시간이나 거리를 알려줄 거예요. 이때 거리를 나타내는 단위도 간단하게 알아두는 게 좋습니다. 보통은 현재의 위치를 기준으로 설명해 줄테니 질문할 때 **from here**(여기에서부터)를 꼭 붙일 필요는 없어요.

얼마나 먼가요?
How far is it?

박물관은 얼마나 먼가요?
How far is the museum?

여기서 마트까지 얼마나 먼가요?
How far is the grocery store from here?

지하철역은 얼마나 먼가요?
How far is the subway station?

제가 묵는 호텔은 얼마나 먼가요?
How far is my hotel?

A: How far is the subway station?
B: Less than half a mile. less than ~보다 적은 half 절반
A: That's pretty close. pretty 꽤

A: 지하철역은 얼마나 먼가요?
B: 약 800m 도 안 돼요.
A: 꽤 가깝군요.

◎ 거리 단위 mile
유럽이나 한국은 거리를 나타낼 때 미터법에 따라 km를 쓰지만, 영미권에서는 km 대신 mile로 표현하는 경우도 많습니다. mile은 km로 환산하면 약 1.6km 입니다.

 **특급훈련 1** 다음을 따라 말하고, 해석해 보세요.

1 How far is the museum?
2 How far is the subway station?
3 How far is my hotel?
4 How far is it?
5 How far is the grocery store from here?

 **특급훈련 2** 힌트 단어를 예문에 넣어 영어로 말해 보세요.

1 얼마나 먼가요?   옆을 보지 말고, 외워서 말해 보세요.
2 우체국은 얼마나 먼가요?   the post office
3 여기서 킹 스트리트까지 얼마나 먼가요?   King Street from here
4 기차역은 얼마나 먼가요?   the train station
5 시내는 얼마나 먼가요?   downtown

★ **지도를 봐도 길을 모르겠을 때**

스마트폰 지도 덕분에 길 찾는 게 수월해졌지만, 그래도 낯선 곳에서 길을 찾는 건 어려운 일입니다. 지도를 봐도 길을 잘 모를 때는 꼭 물어보고 이동하세요.

　　지도를 봐도 여길 어떻게 가야 할지 모르겠어요.
　　◎ I'm looking at my map, but I can't figure out how to get to this place.

특급패턴 040

Take a... ~쪽으로 꺾으세요

길 안내는 물어 보는 것보다 상대방의 설명을 잘 알아듣는 게 더 중요합니다. 어디서 어느 쪽으로 꺾으라는 표현은 길 안내에서 아주 흔하게 나오는 말이니 꼭 알아 두세요.

왼쪽으로 꺾으세요.
Take a left.　　left 왼쪽

저기에서 오른쪽으로 꺾으세요.
Take a right over there.　　right 오른쪽

저 신호등에서 왼쪽으로 꺾으세요.
Take a left at that stoplight.　　stoplight 교통 신호등

다음 신호에서 오른쪽으로 꺾으세요.
Take a right at the next light.　　light 빛;신호

스테이트 스트리트에 도착하면 오른쪽으로 꺾으세요.
Take a right when you get to State Street.　　get to ~에 도착하다

A: Excuse me. Do you know if there is a good coffee shop around here?
B: There's one. Do you see that stoplight? **Take a left there.**
　 Then you'll see it right away.
A: Thanks a lot.
B: Not a problem.

　　A: 실례지만, 혹시 근처에 괜찮은 카페 아는 거 있으세요?
　　B: 하나 있어요. 저기 신호등 보이시죠? 저기서 왼쪽으로 가세요. 그러면 바로 보일 거예요.
　　A: 정말 감사합니다.
　　B: 네.

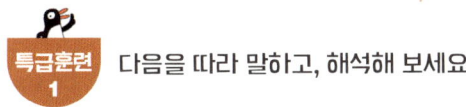 다음을 따라 말하고, 해석해 보세요.

1 Take a right over there.
2 Take a right at the next light.
3 Take a left.
4 Take a right when you get to State Street.
5 Take a left at that stoplight.

 힌트 단어를 예문에 넣어 영어로 말해 보세요.

1 오른쪽으로 꺾으세요. right
2 저기에서 왼쪽으로 꺾으세요. left over there
3 저 은행에서 왼쪽으로 꺾으세요. left at that bank
4 다음 신호에서 왼쪽으로 꺾으세요. left at the next light
5 육교에 도착하면 오른쪽으로 꺾으세요. right when you get to overpass [flyover]

★ 내겐 너무 어려운 길 찾기

목적지까지 찾아가는 길이 먼 경우 중간 중간 멈춰서 다시 길을 물어 보세요.

이 방향이 맞나요?
◎ Is this the right way?

제가 제대로 가고 있나요?
◎ Am I going in the right direction?

특급패턴 041
When you see + 장소, turn...
~가 보이면 ~ 방향으로 가세요

길 안내를 받을 때 항상 등장하는 패턴입니다. see 뒤에는 주로 눈에 띄는 특정 건물이 나옵니다. 긴장을 놓지 말고 turn 뒤에 나오는 말까지 유의해서 들으세요.

KFC가 보이면 우회전하세요.
When you see KFC, **turn** right.

쇼핑몰이 보이면 우회전하세요.
When you see the mall, **turn** right.

월마트가 보이면 우회전하세요.
When you see Walmart, **turn** right. Walmart 미국의 대형 할인 마트

반스 앤 노블이 보이면 좌회전하세요.
When you see Barnes & Noble, **turn** left.
Barnes & Noble 미국의 대형 서점

씨어스 타워가 보이면 좌회전하세요.
When you see the Sears Tower, **turn** left.

특급 대화

A: I'm trying to go to the Prime Outlet. Am I going in the right direction?
B: Not exactly. You're going in the wrong direction.
You have to turn around here. It's that way. turn around 돌아서다
A: Oh, I see.
B: Anyway, follow the road for two miles. **When you see Park Bank, turn right.**

A: 프라임 아웃렛에 가려고 하는데요. 제가 지금 맞는 방향으로 가고 있는 건가요?
B: 아니요. 잘못 가고 계세요. 여기서 유턴하셔야 해요. 저쪽 길이거든요.
A: 아, 그렇군요.
B: 일단, 이 길 따라서 2마일 정도 가세요. 파크 은행이 보이면 우회전하시고요.

특급훈련 1 — 다음을 따라 말하고, 해석해 보세요.

1 When you see Walmart, turn right.
2 When you see the Sears Tower, turn left.
3 When you see KFC, turn right.
4 When you see the mall, turn right.
5 When you see Barnes & Noble, turn left.

특급훈련 2 — 힌트 단어를 예문에 넣어 영어로 말해 보세요.

1 BB 은행이 보이면 우회전하세요. — BB Bank
2 코스트코가 보이면 우회전하세요. — Costco
3 우체통이 보이면 우회전하세요. — the mailbox [postbox]
4 놀이터가 보이면 좌회전하세요. — the playground
5 하얀 건물이 보이면 좌회전하세요. — the white building

★ 랜드마크가 되는 건물 이름을 알아 두자

현지인이 길을 알려줄 때는 유명한 관광지나 건물, 조형물을 기준으로 설명할 가능성이 높습니다. 그런 곳들의 현지식 발음을 익혀두면 바로 알아들을 수 있을 거예요.

저게 마르쿠스 극장인가요?
◎ Is that the Marcus Theatre?

이쪽에 유명한 학센 가게가 있다고 들었는데요.
◎ I heard that there's a famous Haxen store nearby.

Keep going straight...
~ 계속 쭉 가세요

keep+ing는 '계속 ~하다'라는 말입니다. straight은 '곧장, 쭉'이라는 뜻이기 때문에 Keep going straight...은 '~ 곧장 쭉 가다'라고 해석하면 됩니다. 참고로 straight은 '바로'라는 뜻도 있어서 I'll go straight to my hotel.(호텔로 바로 갈 거야.)처럼 쓰기도 합니다.

계속 쭉 가세요.
Keep going straight.

세 구역쯤 쭉 가세요.
Keep going straight for three blocks.   block 도로로 나누어지는 구역

2마일쯤 쭉 가세요.
Keep going straight for two miles.

올리브 가든이 보일 때까지 쭉 가세요.
Keep going straight until you see the Olive Garden.
until you see ~가 보일 때까지

쭉 가다가 세 번째 신호에서 우회전하세요.
Keep going straight and turn right at the third light.

A: Excuse me. Can you help me? I think I'm lost.   lost 길을 잃은
B: Sure. Where're you trying to go?
A: To the subway station.
B: It's easy to find. **Keep going straight until you see the Olive Garden,** then turn right.

  A: 저기, 저 좀 도와주시겠어요? 길을 잃은 것 같아요.
  B: 네. 어디 가려는 중인가요?
  A: 지하철역이요.
  B: 찾아가기 쉬워요. 올리브 가든이 보일 때까지 쭉 가신 다음 우회전하세요.

특급훈련 1 다음을 따라 말하고, 해석해 보세요.

1. Keep going straight until you see the Olive Garden.
2. Keep going straight for three blocks.
3. Keep going straight.
4. Keep going straight and turn right at the third light.
5. Keep going straight for two miles.

특급훈련 2 힌트 단어를 예문에 넣어 영어로 말해 보세요.

옆을 보지 말고, 외워서 말해 보세요.

1. 계속 쭉 가세요.
2. 신호 두 개 지날 때까지 쭉 가세요. — for two stoplights [traffic lights]
3. 1마일쯤 쭉 가세요. — for one mile
4. 내셔널 은행이 보일 때까지 쭉 가세요. — until you see National Bank
5. 쭉 가다가 두 번째 신호에서 좌회전하세요. — and turn left at the second light

★ 택시 타긴 아깝고, 걷기엔 멀다면?

이럴 때는 자전거를 빌려 타고 이동해 보세요. 많은 도시에서 공공 자전거를 대여해 주고 있고, 사설 업체도 많이 있습니다. 자전거를 타면 여행지의 풍경을 제대로 만끽할 수 있고, 힘들면 잠시 카페에서 쉬어 갈 수도 있어요.

가는 길에 카페가 있을까요?
◎ Is there a coffee shop on the way?

You mean...? ~라는 말인가요?

상대방이 한 말의 의미를 확인할 때, 상대방의 말을 정리해서 다시 한번 물어볼 때 쓰는 You mean...? 패턴입니다. mean은 '~라는 뜻으로 말하다'라는 뜻을 가지고 있어요. 원래는 Do you mean...?이지만 일반적으로 Do를 생략하는 편입니다.

제가 두 정거장 더 가서 내려야 한다는 말인가요?
You mean I should get off in two stops? get off 내리다 stop 정류장

제가 반대편에서 택시를 타야 한다는 말씀인가요?
You mean I should take a taxi on the other side?
on the other side 반대편에서

제가 잘못된 방향으로 가고 있다는 말씀인가요?
You mean I'm going in the wrong direction? direction 방향

각각 10달러란 말인가요?
You mean 10 dollars each? each 각각

방금 제가 버스를 놓쳤다는 말인가요?
You mean I just missed my bus? miss 놓치다

A: You said you were trying to go to the City Aquarium, right? Then you should get off at City Plaza Station.
B: **You mean I should get off in two stops?**
A: Yep. It's less than two minutes away from the station.

    A: 시티 수족관에 가려고 한댔죠? 그러면 시티 플라자 역에서 내리셔야 해요.
    B: 두 정거장 더 가서 내리라는 말이죠?
    A: 네. 역에서 2분 거리에 있어요.

특급훈련 1 다음을 따라 말하고, 해석해 보세요.

1 You mean I should take a taxi on the other side?
2 You mean I just missed my bus?
3 You mean 10 dollars each?
4 You mean I should get off in two stops?
5 You mean I'm going in the wrong direction?

특급훈련 2 힌트 단어를 예문에 넣어 영어로 말해 보세요.

1 제가 세 정거장 더 가서 내려야 한다는 말인가요?   I should get off in three stops
2 제가 반대편에서 택시를 타야 한다는 말씀인가요?   옆을 보지 말고, 외워서 말해 보세요.
3 제가 잘못된 방향으로 가고 있다는 말씀인가요?   옆을 보지 말고, 외워서 말해 보세요.
4 각각 30달러란 말인가요?   30 dollars each
5 방금 제가 비행기를 놓쳤단 말인가요?   I just missed my plane

★ 여행 전 최신 정보 업데이트는 필수!

어렵게 찾아간 곳에서 허탕 치지 않도록 방문지의 영업시간이나 휴무일 같은 기본적인 사항은 여행 전에 꼭 다시 체크하세요. 확장 공사를 하는 등의 예상치 못한 상황도 발생할 수 있으니 가장 최신 방문 후기를 검색해 보는 것도 방법입니다.

거의 다 왔어요.　　　　　　그 가게는 이사 갔어요.
◎ We're almost there.　　◎ They moved.

특급패턴 044 Is this...? 여기가 ~인가요?

this는 '이것' 말고도 상황에 따라 '이곳'이나 '이 사람'처럼 다양하게 해석할 수 있습니다. 전화 통화를 할 때는 '이 번호'라는 뜻입니다. 목적지를 제대로 찾아왔는지 Is this...? 패턴을 이용해서 확인하세요.

여기가 이스트 메인 스트리트 3177 맞나요?
Is this 3177 East Main Street?

여기가 홀리데이 인 맞나요?
Is this the Holiday Inn?

여기가 고객 서비스 센터 맞나요?
Is this the customer service desk? customer service 고객 서비스

여기가 ABC 서점인가요?
Is this the ABC bookstore? bookstore 서점

이 번호가 249-6679인가요?
Is this 249-6679?*

 특급대화

A: Is this the Holiday Inn?
B: No, this is the Aloha Inn.
　　 The Holiday Inn is right next to us. right 바로 next to ~ 옆에
A: Oops, I'm sorry.
B: Not a problem.

　A: 여기가 홀리데이 인 맞나요?
　B: 아뇨, 여기는 알로하 인입니다. 홀리데이 인은 저희 바로 옆이에요.
　A: 이런, 죄송합니다.
　B: 괜찮습니다.

특급훈련 1 다음을 따라 말하고, 해석해 보세요.

1 Is this 249-6679?

2 Is this 3177 East Main Street?

3 Is this the Holiday Inn?

4 Is this the ABC bookstore?

5 Is this the customer service desk?

특급훈련 2 힌트 단어를 예문에 넣어 영어로 말해 보세요.

1 여기가 사우스 스트리트 2110 맞나요?   2110 South Street

2 여기가 웨스턴 호스텔 맞나요?   the Western Hostel

3 여기가 야마테이역 맞나요?   Yau Ma Tei Station

4 여기가 왓포 사원인가요?   Wat Pho Temple

5 이 번호가 000-0000인가요?   실제 자기 번호를 넣어서 연습해 보세요.

★ 숫자 읽기

가격, 방 번호, 전화번호 등 여행할 때에는 숫자를 말하고 들을 일이 무척 많지요. 숫자를 읽을 때는 보통 뒤쪽을 기준으로 두 자리씩 끊어 읽습니다. 예를 들어 1230이 있다면 one twenty-three, 1234면 twelve thirty-four와 같이 읽으면 됩니다. 단, 전화번호는 예외적으로 608-249-9278: six oh eight, two four nine, nine two seven eight 이렇게 하나씩 따로 읽기도 합니다. 숫자 중에서 읽기 어려운 편인 0은 oh(오)나 zero(제로)라고 읽으면 됩니다.

MORE
거리에서 꼭 쓰는 단어와 표현

상점

마트 grocery store
슈퍼마켓 supermarket
교회 church
우체국 post office
서점 bookstore
술집 bar
길거리 음식 street food
주류 판매점 liquor store
생산자 직거래 시장 farmers' market

구역

우범 지역 high crime area
쇼핑 구역 shopping district [spot]
먹자 골목 food street

위치

걸어갈 수 있는 거리 walking distance
먼 far
가까운 close
근처에 near

가까운 곳에, 인근의 nearby [close by]
앞 front
뒤 back
옆 side
반대 방향 the other way around
뒤로 돌아서 가다 go around the back
5분 정도 걸리는 곳에 five minutes away
두 정거장 정도 떨어진 곳에 two stops away
두 구역 떨어진 two blocks away
길 건너에 across the street
길 아래에 down the street
이쪽 아래에 down this way
아래로 쭉 all the way down
저기 너머에 over there
이쪽에 over here
저기[여기] 위에 up there [here]
곧장 가다 go straight
오른쪽 right
왼쪽 left
반대쪽에 on the other side
우회전 하다 take [make] a right turn
좌회전 하다 take [make] a left turn

길 묻기

차이나타운에 가는 제일 좋은 방법은 뭔가요?
What is the best way to get to Chinatown?

11번 버스는 어디에서 타나요?
Where do I get on the number 11 bus?

파리 시내로 가는 버스는 어디에서 타나요?
Where do I take the bus to go to downtown Paris?

제가 제대로 찾은 건가요?
Am I at the right place?

이거 맞는 주소인가요?
Is this the right address?

여기라고 쓰여 있는데요.
It says it's right here.

길 안내

걸어서 5분 정도 거리예요.
It's about a five-minute walk.

버스 타고 20분 정도 걸려요.
It's about a twenty-minute bus ride.

여기서 차로 40분 정도 걸려요.
It takes about 40 minutes by car.

택시 타는 게 빨라요.
It's faster to take a taxi.

도미노 피자 건너편 길에 있어요.
It's across the street from Domino's Pizza.

저도 여기 지리를 잘 몰라요.
I'm not familiar with this area.

가다가 다시 길을 물어보세요.
You might want to ask again on the way.

카페

스타벅스에서 커피 주문하기

여행을 하며 나라마다 커피 맛이 어떻게 다른지 비교해보는 것도 재미있겠죠? 카페에서 영어로 주문하기 어렵다고 생각할 수도 있지만, 딱 필요한 단어만 알면 됩니다. 아래 표현으로 전 세계에 매장을 가지고 있는 스타벅스에서 커피를 주문해 봅시다.

카페 메뉴

아메리카노 **americano** (주로 드립 커피를 말해요.)
블랙 커피 **black coffee**
에스프레소 **espresso**
라테 **latte**
카푸치노 **cappuccino**
프라푸치노 **frappuccino**
카페 모카 **caffè mocha**
캐러멜 마키아토 **caramel macchiato**
카페인이 없는 커피 **decaffeinated coffee [decaf]**
휘핑크림 **whipped cream**
커피 원두 **coffee beans**
무지방 **fat-free [non-fat, skim]**
저지방 **low-fat [skinny]**

음료 크기

short
tall
grande
venti

(밑으로 갈수록 크기가 커집니다.)

I love coffee.

latte를 어떻게 읽으시나요? 외국에서는 '라떼'라고 발음하면 못 알아듣는 경우가 많습니다. '떼' 대신 '테이'로 발음해서 '라테(이)'라고 해 보세요. 이때 '이'는 살짝 느낌만 주는 게 중요합니다.
커피를 시킬 때 no room이라고 하면 컵에 커피를 꽉 채워달라는 말이고, with room이라고 하면 너무 꽉 채우지 말아달라는 말입니다.

커피 주문 표현

무지방 우유 라테 한 잔 주세요.
Can I have a latte with low-fat milk?

숏 사이즈로 뜨거운 커피 한 잔 주세요.
Can I have a short hot coffee?

음료 크기는 small, medium, large라고 할 수도 있어요.

아이스 커피 라지 사이즈로 하나 주세요.
I'll have a large iced coffee.

디카페인 카푸치노 스몰 사이즈로 하나 주세요.
I'd like a small decaf cappuccino.

톨 사이즈 저지방 두유 라테 하나 주세요.
Let me get a tall skinny soy latte.

에스프레소 샷 하나 더 추가해도 될까요?
Can I add another espresso shot?

캐러멜 마키아토 휘핑크림 얹어서 톨 사이즈로 하나 주세요.
A tall caramel macchiato with whipped cream on top, please.

스몰 사이즈 녹차 라테에 휘핑크림 많이 올려서 하나 주세요.
I'll have a small green tea latte, extra whip.

벤티 사이즈 아이스 녹차 라테에 두유 넣어서요.
Venti, soy, iced green tea latte, please.

그란데 사이즈 디카페인 커피 너무 꽉 차지 않게 해서 하나 주세요.
I'd like a grande decaf coffee with room.

45 For+숫자... 몇 명이에요
46 How long...? 얼마나 ~?
47 Is... okay? ~ 괜찮으세요?
48 I can't eat... 전 ~를 못 먹어요
49 It's... 그건 ~예요
50 What kind of... is this? 이건 어떤 ~인가요?
51 How's this...? 이 ~는 어때요?
52 What's...? ~는 뭐가 있나요?

53 Any...? 어떤 ~ 있나요?
54 I'll have... 전 ~로 할게요
55 음식, please. ~ 주세요
56 Let me get... ~ 주세요
57 No 재료, please. ~는 빼 주세요
58 It tastes... 맛이 ~네요
59 What's the name of...? ~는 이름이 뭔가요?
60 Would you like...? ~하시겠어요?

61 Do you want me to...? 제가 ~해 드릴까요?
62 Do you need...? ~ 더 필요하세요?
63 Can you...? ~해 주실래요?
64 Can I get...? 저에게 ~를 주시겠어요?
65 You can... ~해 주세요
66 I think I got the wrong... 잘못 ~한 것 같아요
67 Can I pay...? ~로 계산해도 되나요?
68 Sorry, we... 죄송합니다만, 저희는...

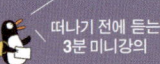

PART 6 식당

특급패턴 045
For+숫자... 몇 명이에요

식당에 들어가면 보통은 직원이 일행이 몇 명인지 How many?라고 물어볼 거예요. 손짓이나 숫자만 말해도 의사소통에는 문제가 없습니다. 다만 숫자 앞에 For만 붙이면 더 자연스러워 보일 테니 이번 여행에서는 이 패턴으로 말해 보는 건 어떨까요.

2명이요.
For two.

딱 한 명이요.
For just one person.

저희는 5명이에요.
For the five of us.

아이 두 명, 어른 세 명이요.
For two kids and three adults.

어른 둘과 아기 한 명이요.
For two adults and one baby.

● **For 없이 말하기**
For를 생략하고 일행이 몇인지 말하는 다른 표현도 알아볼까요.

저 혼자예요.
Just me.
Just one.

두 명이에요.
Two people.

A: Hello. How're you guys doing today?
B: Great. Can we get a table?
A: Sure. For how many?
B: **For the five of us,** and one more is coming.
A: Okay, so a total of six people. Gotcha. This way, please.

A: 안녕하세요. 오늘 어떠세요?
B: 좋아요. 자리가 있나요?
A: 그럼요. 몇 분이세요?
B: 저희는 다섯 명인데 한 명이 더 올 거예요.
A: 네, 그러면 총 여섯 분이시네요. 알겠습니다. 이쪽으로 오세요.

특급훈련 1 다음을 따라 말하고, 해석해 보세요.

1 For two adults and one baby.
2 For two.
3 For just one person.
4 For two kids and three adults.
5 For the five of us.

특급훈련 2 힌트 단어를 예문에 넣어 영어로 말해 보세요.

1 3명이요. — three
2 딱 한 명이요. — 옆을 보지 말고, 외워서 말해 보세요.
3 저희는 4명이에요. — the four of us
4 아이 한 명, 어른 두 명이요. — one kid and two adults
5 어른 한 명과 아기 한 명이요. — one adult and one baby

★ 기다리다 날 새겠네!

인기 있는 식당을 예약하지 않았을 때는 사람이 몰리는 시간을 살짝 피해서 가는 것도 방법입니다. 술집의 경우 술을 할인하는 특정 시간대인 해피아워(happy hour)에는 사람이 많으니 일찍 가야 합니다. 참고로 점심 시간대가 지나면 저녁 식사 준비를 위해 휴식 시간을 갖는 식당도 있으니 주의하세요.

줄을 서서 기다리다 — wait in line
대기자 명단 — waiting list

특급패턴 046

How long...? 얼마나 ~?

대기 인원이 많을 경우 얼마나 기다려야 하는지 궁금하다면 How long...? 패턴으로 식당 직원에게 대기 시간을 물어보세요.

얼마나 기다려야 하나요?
How long is the wait? wait 기다림; 기다리는 시간

얼마나 늦어질까요?
How long is the delay? delay 지연

저희가 얼마나 기다려야 하나요?
How long do we have to wait? wait 기다리다

저희 디저트는 얼마나 기다려야 하나요?
How long do we have to wait for our desserts?

저희 음식은 언제 나오나요?
How long before we receive our food? receive 받다

특급대화

A: **How long do we have to wait?**
B: Around 20 to 25 minutes.
A: Okay, we'll wait then.
B: Good. I'll call you when your table is ready.

A: 저희가 얼마나 기다려야 하나요?
B: 20분에서 25분 정도요.
A: 알겠습니다. 그러면 기다릴게요.
B: 네, 손님의 테이블이 준비되면 불러 드릴게요.

특급훈련 1 다음을 따라 말하고, 해석해 보세요.

1. How long before we receive our food?
2. How long is the wait?
3. How long do we have to wait for our desserts?
4. How long is the delay?
5. How long do we have to wait?

특급훈련 2 힌트 단어를 예문에 넣어 영어로 말해 보세요.

1. 얼마나 기다려야 하나요? — 옆을 보지 말고, 외워서 말해 보세요.
2. 얼마나 늦어질까요? — 옆을 보지 말고, 외워서 말해 보세요.
3. 제가 얼마나 기다려야 하나요? — do I have to wait
4. 저희 피자는 얼마나 기다려야 하나요? — do we have to wait for our pizza
5. 제 주문은 언제 나오나요? — before I receive my order

★ 동사와 명사 골라 쓰는 wait

wait은 동사와 명사 두 가지로 다 쓸 수 있습니다. 동사로는 '기다리다, 대기하다'라는 뜻이고, 명사로는 '대기, 기다리는 시간'이라는 뜻입니다.

자리를 안내받으실 때까지 기다려 주세요.
◎ Please wait to be seated. (동사)

20분 대기하셔야 합니다.
◎ There is a 20-minute wait. (명사)

특급패턴 047

Is... okay? ~ 괜찮으세요?

직원이 자리를 안내하거나 메뉴를 제안하면서 손님에게 괜찮은지 의사를 물어볼 거예요. 그때 자주 쓰는 패턴이 Is... okay?입니다. 괜찮은지 물어볼 대상이 복수라면 Are... okay?라고 합니다.

이 자리 괜찮으세요?
Is this table **okay?**

부스 자리 괜찮으신가요?
Is a booth **okay?**   booth 식당의 칸막이가 있는 자리

금연석 괜찮으세요?
Is non-smoking **okay?**

콜라 괜찮으세요?
Is Coke **okay?**

감자 튀김으로 해도 괜찮으세요?
Are fries **okay?**

🍳 **식당의 여러 자리**
booth
칸막이가 있는 자리,
벽에 붙은 자리

barstool
술집 카운터 자리나
거기 놓인 둥근 의자

booster seat [highchair]
아이를 위한 의자

특급 대화

A: For two?
B: Yep.
A: Right this way. (After a moment) **Is this table okay?**
B: Sure. Thanks.

  A: 두 분 이신가요?
  B: 네.
  A: 이쪽입니다. (잠시 후) 자리 괜찮으신가요?
  B: 네. 감사합니다.

특급훈련 1

다음을 따라 말하고, 해석해 보세요.

1. Is Coke okay?
2. Is this table okay?
3. Are fries okay?
4. Is a booth okay?
5. Is non-smoking okay?

특급훈련 2

힌트 단어를 예문에 넣어 영어로 말해 보세요.

1. 이 자리 괜찮으세요?   *옆을 보지 말고, 외워서 말해 보세요.*
2. 야외 자리 괜찮으신가요?   an outside table
3. 흡연석 괜찮으세요?   smoking
4. 밥 괜찮으세요?   rice
5. 물 괜찮으세요?   water

★ 식당 자리 잡기

한국과 마찬가지로 담당 직원이 자리를 안내하는 식당도 있고, 손님이 원하는 곳에 자유롭게 앉는 식당도 있습니다. 상황에 따라 자연스럽게 자리를 잡아 보세요.

7명이 앉을 수 있는 자리가 필요해요.
◎ We need a table for seven.

원하는 곳에 앉으시면 돼요.
◎ You can sit anywhere you want.

특급패턴 048

I can't eat... 전 ~를 못 먹어요

특정 재료에 알러지가 있다면 주문할 때 미리 자신이 못 먹는 것을 식당에 알리는 게 좋습니다. 메뉴 추천을 받을 때는 이런 것만 빼고 추천해 달라는 의미도 전달할 수 있고요. 단순히 싫어하는 음식일 경우에도 이 패턴을 쓸 수 있습니다. 일반적으로 재료가 음식에 한 개만 들어가는 경우는 별로 없고, 포괄적인 의미에서 먹을 수 없다고 말하는 것이기 때문에 뒤에 나오는 내용은 carrots, peanuts와 같이 복수형으로 씁니다.

전 땅콩을 못 먹어요.
I can't eat peanuts. peanut 땅콩

전 익히지 않은 생선은 못 먹어요.
I can't eat raw fish. raw 익히지 않은

전 당근을 못 먹어요.
I can't eat carrots. carrot 당근

전 유제품을 못 먹어요.
I can't eat dairy products. dairy products 유제품

전 오이를 못 먹어요.
I can't eat cucumbers. cucumber 오이

A: What's your most popular menu item?
B: That would be our seafood pho. pho (베트남어로) 쌀국수
A: I'll give it a try. **I can't eat cilantro**, so hold the cilantro. cilantro 고수 hold 빼다
B: Gotcha!

A: 가장 인기 있는 메뉴가 뭔가요?
B: 해산물 쌀국수예요.
A: 그거 한번 먹어 볼게요. 전 고수는 못 먹거든요. 그러니 고수는 빼 주세요.
B: 알겠습니다!

특급훈련 1 — 다음을 따라 말하고, 해석해 보세요.

1. I can't eat carrots.
2. I can't eat peanuts.
3. I can't eat cucumbers.
4. I can't eat dairy products.
5. I can't eat raw fish.

특급훈련 2 — 힌트 단어를 예문에 넣어 영어로 말해 보세요.

1. 전 키위를 못 먹어요. *kiwi*
2. 전 조개 종류는 못 먹어요 *shellfish*
3. 전 소고기를 못 먹어요. *beef*
4. 전 돼지고기를 못 먹어요. *pork*
5. 전 우유를 못 마셔요. *I can't drink milk.*

★ 저는 땅콩 알러지가 있어요!

특정 식재료에 알러지가 있다면 주문 전에 직원에게 음식에 들어가는 재료에 대해 물어 보세요.

제가 땅콩 알러지가 있는데요. 여기에 땅콩이 들어가 있나요?
- I'm allergic to peanuts. Does this have peanuts in it?

혹시 올리브 오일을 사용하지 않는 메뉴가 있나요?
- Do you have anything that doesn't use olive oil?

특급패턴 049 It's... 그건 ~예요

패스트푸드처럼 포장이 가능한 식당에서는 주문한 음식을 포장해갈 건지, 아니면 먹고 갈 건지 직원이 For here or to go?라고 물어봅니다. 어떻게 할 건지 말할 때는 일단 It's...부터 말하고 생각하세요. 여기서 It은 내가 주문한 메뉴를 가리킵니다.

포장해 주세요.
It's to go.   to go 포장용 (음식)

여기서 먹을 거예요.
It's for here.   for here 매장에서 먹는용 (음식)

그건 가져갈 거예요.
It's for carry-out.   carry-out 포장; 포장한 음식

그건 여기서 먹을 거고, 이건 포장해 주세요.
It's for here, and this one's to go.

실은 포장이 아니라 여기서 먹고 갈 거예요.
It's actually for here, not to go.

A: I'll have a slice of cheese pizza with a medium soda.
B: Is that for here or to go?
A: It's to go.
B: Okay. Your grand total is 5 dollars and 20 cents.   grand total 총 합계

A: 치즈 피자 한 조각이랑 탄산음료 중간 사이즈로 주세요.
B: 여기서 드실 건가요, 아님 포장이신가요?
A: 포장해 주세요.
B: 네. 총 5달러 20센트입니다.

 다음을 따라 말하고, 해석해 보세요.

1 It's for here.
2 It's actually for here, not to go.
3 It's to go.
4 It's for here, and this one's to go.
5 It's for carry-out.

 힌트 단어를 예문에 넣어 영어로 말해 보세요.

1 포장해 주세요. 옆을 보지 말고, 외워서 말해 보세요.
2 여기서 먹을 거에요. 옆을 보지 말고, 외워서 말해 보세요.
3 그건 가져갈 거예요. 옆을 보지 말고, 외워서 말해 보세요.
4 그건 여기서 먹을 거고, 저건 포장해 주세요. for here, and that one's to go.
5 실은 포장이 아니라 여기서 먹고 갈 거예요. 옆을 보지 말고, 외워서 말해 보세요.

★ 음식 포장하기

음식을 매장에서 먹는 것도 좋지만, 숙소에서 편하게 먹는 것도 즐겁습니다.
가게에서 제공하는 포장 할인이 있다면 일석이조겠죠.

뜨거우니까 조심하세요.
◎ It's hot. Be careful.

흔들지 않게 조심하세요.
◎ Be careful not to shake it.

포장하시면 5% 할인해 드려요.
◎ If you order take-out, you'll get 5% off.

특급패턴 050
What kind of... is this?
이건 어떤 ~인가요?

What kind of... is this? 패턴에서 kind 대신 sort를 쓰면 영국식 표현입니다. 둘 다 자주 쓰이니 기억해 두세요.

이건 어떤 드레싱인가요?
What kind of dressing is this? dressing 요리에 뿌리는 소스

이건 어떤 피자인가요?
What kind of pizza is this?

이건 어떤 커피인가요?
What kind of coffee is this?

이건 어떤 파스타인가요?
What kind of pasta is this?

이건 어떤 샐러드인가요?
What kind of salad is this?

A: What kind of pizza is this?
B: It's our famous supreme pizza. famous 유명한 supreme 최고의
A: What's on it?
B: Pepperoni, peppers, onions, mushrooms, black olives, and mozzarella cheese.
A: Sounds really good. I'll have a slice with a large soda. slice 얇게 썬 조각 soda 탄산음료; 소다수

A: 이건 무슨 피자인가요?
B: 저희 집에서 유명한 슈프림 피자예요.
A: 뭐가 올려져 있나요?
B: 페퍼로니랑 피망, 양파, 버섯, 검정 올리브, 모짜렐라 치즈요.
A: 정말 맛있을 것 같네요. 음료수 큰 거랑 슈프림 피자 한 조각 주세요.

특급훈련 1 — 다음을 따라 말하고, 해석해 보세요.

1 What kind of pizza is this?
2 What kind of salad is this?
3 What kind of dressing is this?
4 What kind of pasta is this?
5 What kind of coffee is this?

특급훈련 2 — 힌트 단어를 예문에 넣어 영어로 말해 보세요.

1 이건 어떤 국수인가요?   noodles are these
2 이건 어떤 고기인가요?   meat
3 이건 어떤 스프인가요?   soup
4 이건 어떤 햄인가요?   ham
5 이건 어떤 치즈인가요?   cheese

★ 다양한 소스 맛보기

(달콤한 겨자맛이 나는) 허니 머스타드 소스
◎ honey mustard

서양 고추냉이, 홀스래디시 소스
◎ horseradish

(찍어 먹는) 디핑 소스
◎ dipping sauce

(고추로 만든) 칠리 소스
◎ chilli sauce

(고추로 만든) 타바스코 소스
◎ tabasco

(주로 고기를 찍어 먹는) A1 소스
◎ A1 sauce

(마요네즈로 만든) 랜치 소스
◎ ranch

영어권에서는 와사비(wasabi)를 [와싸~비]라고 발음해요.

특급패턴 051

How's this...? 이 ~는 어때요?

관광지의 식당들은 음식 사진이 들어간 메뉴판을 제공하기도 하고, 영어 메뉴판을 구비해 놓기도 합니다. 그런 메뉴판이 없는 경우 종업원에게 이 음식의 맛이 어떤지 물어보고 주문을 하는 것이 실패 확률이 적습니다.

이 메뉴 어때요?
How's this menu item?

이 칵테일은 어때요?
How's this cocktail?   cocktail 여러 음료를 혼합해서 만든 알코올 음료

이 애피타이저는 어때요?
How's this appetizer?   appetizer 전채 요리

이 티라미수는 어때요?
How's this tiramisu?   tiramisu 티라미수 케이크

이 스프는 어때요?
How's this soup?

특급대화

A: How's this appetizer?
B: It's really good. It's my favorite.   favorite 좋아하는 것
A: Really? Then I'll try it. I'll have some onion rings, too.   try 시도해 보다 onion ring 양파 튀김

A: 이 에피타이저는 어떤가요?
B: 아주 훌륭해요. 제가 좋아하는 거랍니다.
A: 그래요? 그러면 저도 먹어 볼래요. 어니언링도 시킬게요.

 다음을 따라 말하고, 해석해 보세요.

1   How's this appetizer?
2   How's this cocktail?
3   How's this tiramisu?
4   How's this menu item?
5   How's this soup?

 힌트 단어를 예문에 넣어 영어로 말해 보세요.

1   이 볶음밥은 어때요?   fried rice
2   이 맥주는 어때요?   beer
3   이 생선은 어때요?   fish
4   이 톰얌쿵은 어때요?   tom yam kung
5   이 소시지는 어때요?   sausage

> ● ● ⭐ 달콤한 디저트 sweets
>
> '달콤한'이라는 형용사 sweet은 명사로도 쓰는데 복수형일 때는 넓은 의미에서 '달콤한 것'을 의미합니다. 가게 간판에 크게 sweets라고 쓰여 있으면 사탕이나 초콜릿, 젤리, 과자 등을 판다고 생각하면 됩니다. 참고로 sweet tooth는 단 것을 이에 늘 물고 있을 정도로 좋아한다는 비유적인 표현입니다.
>
> 난 단 거 좋아해.
> ◉ I like sweets.
>   I have a sweet tooth.

특급패턴 052

What's...? ~는 뭐가 있나요?

어떤 음식을 시켜야 할지 고민이 된다면 직원에게 메뉴를 추천 받으세요. 그 식당의 대표 메뉴를 추천 받을 수도 있고, 한국 사람의 입맛에 맞는 음식을 추천 받을 수도 있습니다.

여기서 가장 맛있는 게 뭐예요?
What's the best dish here?   best 최고의, 제일 좋은

메뉴 중에서 뭐가 가장 인기가 있나요?
What's the most popular item on the menu?
popular 대중적인, 인기 있는   item 품목

어떤 걸 추천하시나요?
What's your recommendation?   recommendation 추천

이 식당에서 가장 매운 음식이 뭐예요?
What's the spiciest food* at this restaurant?
spicy 매운; 양념 맛이 강한

여기서 저희 아이가 먹을 만한 건 뭐가 있을까요?
What's something my child can eat here?

 특급 대화

A: What's the most popular item on the menu?
B: That would be our sirloin steak.   sirloin 등심
A: I'll try it then.

　　A: 메뉴 중에 가장 인기 있는 건 뭔가요?
　　B: 저희 등심 스테이크가 가장 인기 있습니다.
　　A: 그럼 한번 먹어 볼게요.

 다음을 따라 말하고, 해석해 보세요.

1 What's your recommendation?
2 What's something my child can eat here?
3 What's the most popular item on the menu?
4 What's the spiciest food at this restaurant?
5 What's the best dish here?

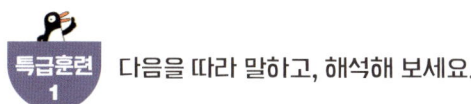 힌트 단어를 예문에 넣어 영어로 말해 보세요.

1 여기서 가장 맛있는 게 뭐예요?   옆을 보지 말고, 외워서 말해 보세요.
2 메뉴 중에서 뭐가 가장 인기가 있나요?   옆을 보지 말고, 외워서 말해 보세요.
3 어떤 걸 추천하시나요?   옆을 보지 말고, 외워서 말해 보세요.
4 이 카페에서 가장 달콤한 음료가 뭔가요?   the sweetest drink at this cafe
5 여기서 저희 엄마가 먹을 만한 건 뭐가 있을까요?   something my mom can eat here

★ 덜 맵게 해 주세요!

한국 사람들은 대체로 매운 음식을 잘 먹지만 너무 매운 음식을 먹으면 나중에 속이 아플 수도 있습니다. 살짝 매콤한 정도로 먹는 게 여행 내내 컨디션 조절에도 도움이 될 거예요.

덜 맵게 해 주실래요?
◎ Can you make it less spicy?

칠리 소스는 조금만 넣어 주세요.
◎ Go easy on the hot sauce, please.

특급패턴 053

Any...? 어떤 ~ 있나요?

원래는 Is[Are] there any...?라고 해야 하지만 Any...?만으로도 상대방에게 가볍고 간단하게 말을 걸 수 있습니다. 이 패턴은 메뉴 추천뿐 아니라 여러 가지로 활용이 가능해요. 다만, 온전한 문장이 아니라서 앞뒤 맥락을 알아야 하기 때문에 아래 예문은 상황에 맞게 의역했습니다.

추천해 주실 거 있으세요?
Any recommendations? recommendation 추천

여기 괜찮은 디저트 뭐 있나요?
Any good desserts here?

다른 질문 있으신가요?
Any other questions? other 다른

그 밖에 더 (필요한 게) 있으세요?
Anything else? anything else 그 밖에 또 무엇인가

마실 거 뭐 드릴까요?
Anything to drink?

A: Anything to drink?
B: What kind of beer do you have?
A: We have a nice selection of domestic and imported beers. Give me a minute. I'll bring you the drink menu. selection 선택: 선정된 것들 domestic 국내의 imported 수입된

A: 마실 것은요?
B: 맥주는 어떤 게 있나요?
A: 저희는 여러 질 좋은 국내 맥주와 수입 맥주를 판매하고 있습니다. 잠시만요.
   음료 메뉴를 갖다 드릴게요.

 **특급훈련 1** 다음을 따라 말하고, 해석해 보세요.

1 Any good desserts here?
2 Anything else?
3 Any recommendations?
4 Anything to drink?
5 Any other questions?

 **특급훈련 2** 힌트 단어를 예문에 넣어 영어로 말해 보세요.

1 추천해 주실 거 있으세요?   옆을 보지 말고, 외워서 말해 보세요.
2 여기 괜찮은 스파게티 뭐 있나요?   good spaghetti here
3 다른 질문 있으신가요?   옆을 보지 말고, 외워서 말해 보세요.
4 그밖에 더 (필요한 게) 있으세요?   옆을 보지 말고, 외워서 말해 보세요.
5 마실 거 뭐 드릴까요?   옆을 보지 말고, 외워서 말해 보세요.

★ **맥주 마실 땐 양부터 결정하세요**

맥주의 양을 뜻하는 단어는 글래스(glass)와 파인트(pint), 피처(pitcher)입니다. 가장 작은 것은 글래스이고, 그보다 큰 것은 파인트입니다. 이 중에서는 피처(약 1600~2000cc)가 양이 가장 많습니다.

특급패턴 054
I'll have... 전 ~로 할게요

I'll have...는 I will have...가 축약된 패턴입니다. 여기서 have는 '먹다', '~로 하다' 또는 '~를 주문하다'라고 해석할 수 있습니다.

전 이걸로 할게요.
I'll have this.

저도 같은 걸로 할게요.
I'll have the same.　same 똑같은 것

저 남자가 먹고 있는 걸로 할게요.
I'll have what he's having.

전 하우스 샐러드에 이탈리안 드레싱으로 할게요.
I'll have the house salad with Italian dressing.
house salad 레스토랑의 특선 샐러드

전 스테이크랑 (사이드는) 감자튀김으로 주세요.
I'll have a steak with fries.

 특급 대화

A: What would you like to order?
B: I'll have a sirloin steak with a baked potato.　bake 굽다
A: Okay. How would you like it cooked?　cook 요리하다
B: Medium well, please.

　　A: 주문은 어떻게 하시겠어요?
　　B: 전 등심 스테이크랑 사이드는 구운 감자로 할게요.
　　A: 알겠습니다. 고기는 어떻게 구워 드릴까요?
　　B: 미디엄 웰로 해 주세요.

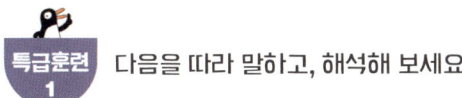 다음을 따라 말하고, 해석해 보세요.

1 I'll have the same.

2 I'll have the house salad with Italian dressing.

3 I'll have what he's having.

4 I'll have a steak with fries.

5 I'll have this.

 힌트 단어를 예문에 넣어 영어로 말해 보세요.

1 전 이걸로 할게요.   옆을 보지 말고, 외워서 말해 보세요.

2 저도 같은 걸로 할게요.   옆을 보지 말고, 외워서 말해 보세요.

3 저 여자가 먹고 있는 걸로 할게요.   what she's having

4 전 새우 샐러드에 랜치 드레싱으로 할게요.   the shrimp salad with ranch dressing

5 전 티본 스테이크랑 (사이드는) 채소로 주세요.   a T-bone steak with vegetables

★ 한국인의 입맛에 맞는 걸로 주세요!

이 중에서 뭘 시켜야 할지 모르겠네요.
◉ I have no idea what to order here.

여기 있는 거 다 맛있어 보여요.
◉ Everything here looks good.

한국 사람들은 어떤 걸 많이 시키나요?
◉ What do Koreans usually order here?

특급패턴 055 음식, please. ~ 주세요

음식을 주문할 때 꼭 긴 문장으로 말할 필요는 없습니다. 원하는 음식 뒤에 please만 붙이면 주문 끝! 마법의 단어 please는 주문할 때나 쇼핑할 때 정말 유용합니다.

물 좀 주세요.
Water, please.

같은 걸로 주세요.
Make that two, please.

치킨 볶음밥이랑 에그롤 두 개 주세요.
Chicken fried rice with two egg rolls, please.

리필해 주세요.
Refill, please.   refill 다시 채우다

1번 메뉴로 두 개 주세요.
Two Number ones, please.

A: Can I get you anything to drink?   get 가져다주다
B: Yes. **Water, please.**
A: Yes, ma'am.

　A: 마실 것 좀 드릴까요?
　B: 네. 물 주세요.
　A: 네, 부인.

특급훈련 1 다음을 따라 말하고, 해석해 보세요.

1 Make that two, please.

2 Refill, please.

3 Water, please.

4 Two Number ones, please

5 Chicken fried rice with two egg rolls, please.

특급훈련 2 힌트 단어를 예문에 넣어 영어로 말해 보세요.

1 콜라 주세요. — Coke

2 같은 걸로 주세요. — 옆을 보지 말고, 외워서 말해 보세요.

3 라면이랑 만두 두 개 주세요. — Ramen with two dumplings

4 리필해 주세요. — 옆을 보지 말고, 외워서 말해 보세요.

5 2번 메뉴 한 개 주세요. — One Number two

★ **코스 요리의 순서**

에피타이저 (appetizer): 식욕을 돋우는 간단한 전채 요리로 영국에서는 starter라고 합니다. 주로 빵이나 수프를 줍니다.
메인 코스 (main course): 본격적인 식사를 의미하는 메인 요리. 육류나 생선이 주로 나옵니다.
앙트레 (entree): 미국에서는 메인 요리와 같은 말이고 영국에서는 전채용 스프와 메인 사이에 나오는 음식을 말합니다.
디저트 (dessert): 식사를 마치고 입가심으로 먹는 후식을 가리키는 말로, 주로 케이크나 푸딩 같은 달콤한 음식을 냅니다.

특급패턴 056

Let me get... ~ 주세요

Let me get...은 '내가 ~를 얻게 해 주세요' 즉, '나에게 ~를 주세요'라는 뜻으로 Can I get...?과 유사한 패턴입니다. 직역하면 약간 굽신거리는 것처럼 느껴지지만 실제로 영어에서는 일상에서 아주 많이 쓰는 말입니다. 이 패턴은 패스트푸드 가게에 간 상황을 가정하고 예문을 구성했습니다.

치킨 버거 세트 주세요.
Let me get a chicken sandwich meal.*
meal 세트

5번 세트 주세요.
Let me get a Number Five.

2번 세트 두 개 주문할게요.
Let me get two Number Twos.

치즈 버거 하나 주세요.
Let me get a cheeseburger.

3번 세트랑 사이다 주세요.
Let me get a Number Three with a Sprite.
Sprite 사이다, 스프라이트

🔸 샌드위치? 햄버거?
영어권에서 햄버거는 빵 사이에 돼지고기 패티가 들어간 것을 뜻합니다. 그러니 치킨 버거나 새우 버거 같은 경우는 chicken sandwich라고 해야 하죠.

A: Hi, what can I get for you today?
B: Let me get a Number Five.
A: Anything to drink?
B: Coke, please.

A: 안녕하세요, 무엇을 도와드릴까요?
B: 5번 세트 주세요.
A: 음료는 무엇으로 드릴까요?
B: 콜라 주세요.

특급훈련 1 — 다음을 따라 말하고, 해석해 보세요.

1. Let me get two Number Twos.
2. Let me get a Number Three with a Sprite.
3. Let me get a Number Five.
4. Let me get a cheeseburger.
5. Let me get a chicken sandwich meal.

특급훈련 2 — 힌트 단어를 예문에 넣어 영어로 말해 보세요.

1. 새우 버거 세트 주세요. — a shrimp sandwich meal
2. 2번 세트 주세요. — a Number Two
3. 3번 세트 두 개 주문할게요. — two Number Threes
4. 치킨 버거 하나 주세요. — a chicken sandwich
5. 1번 세트랑 사이다 주세요. — a Number One with a Sprite

★ 햄버거만 주세요

패스트푸드 점에서 세트가 아닌 단품을 주문할 때는 햄버거 이름만 말하거나 햄버거 뒤에 sandwich를 붙입니다. 일반적으로 직원들은 meal(세트)을 주문하는지 아닌지로 세트와 단품을 구분하는 편이니 단품을 주문할 때는 meal을 떼기만 해도 됩니다.

버거 세트요 아니면 버거만요?
◎ Do you mean the meal or the sandwich?

버거 단품으로요.
◎ Just the sandwich.

특급패턴 057 · No 재료, please. ~는 빼 주세요

맛있는 음식은 여행의 큰 즐거움 중 하나인데 영어에 자신이 없어서 싫어하는 것을 억지로 먹는 일이 있어서는 안되겠죠. 음식을 주문할 때 먹기 싫은 재료는 빼달라고 꼭 요청하세요. 이럴 때 쓸 수 있는 말은 여러 가지가 있지만 가장 간단한 패턴은 **No**를 활용하는 것입니다.

양파는 빼 주세요.
No onions, **please.**

휘핑크림은 빼 주세요.
No whipped cream, **please.** whipped cream 거품을 낸 생크림

스테이크 중간에 핏기 없게 해 주세요.
No pink in the middle, **please.**

마요네즈는 빼 주세요.
No mayo, **please.** mayo 마요네즈(mayonnaise)의 줄임말

고수는 빼 주세요.
No cilantro, **please.** cilantro 고수

🍴 **고기의 pink는 핏기**
스테이크를 바싹 익히지 않았을 때 고기 중간에 핏기가 그대로 남아 있는 것을 비유적으로 pink라고 부릅니다. 핏기가 싫으면 고기를 well done(완전히 익힘)으로 주문하면 됩니다.

A: I'll have a BBQ burger. **No onions, please.**
B: Okey dokey. And you, sir?
C: Let me get a chicken sandwich. **No cilantro, please.**
B: You got it.

A: 저는 BBQ 버거 주세요. 양파는 빼 주세요.
B: 알겠습니다. 손님은요?
C: 저는 치킨 샌드위치 주세요. 고수는 빼 주세요.
B: 알겠습니다.

🌿 **고수는 영어로?**
유럽이나 중국, 베트남, 태국 음식에는 고수라는 독특한 향이 나는 풀이 들어가는데 이 향을 싫어하는 사람이 많습니다. 고수는 영어로 코리엔더(coriander)라고 하는데, 영어권에서는 스페인어인 실란트로(cilantro)라는 단어를 더 자주 씁니다.

특급훈련 1 다음을 따라 말하고, 해석해 보세요.

1 No mayo, please.
2 No pink in the middle, please.
3 No whipped cream, please.
4 No onions, please.
5 No cilantro, please.

특급훈련 2 힌트 단어를 예문에 넣어 영어로 말해 보세요.

1 피클은 빼 주세요. pickles
2 설탕은 빼 주세요. sugar
3 스테이크 중간에 핏기 없게 해 주세요. 옆을 보지 말고, 외워서 말해 보세요.
4 케첩은 빼 주세요. ketchup
5 계란은 빼 주세요. eggs

★ Hold로 뺄 재료 말하기

No 자리에 Hold를 써도 재료를 빼 달라는 말이 됩니다. 그 재료는 그냥 갖고(hold) 있으라는 거죠. 재료를 넣어달라고 말할 때는 with을 씁니다.

피클은 빼 주세요.
◎ No pickles.
  Hold the pickles.

저는 햄버거에 재료를 다 넣어 주세요.
◎ I'd like a burger with the works.
  I want everything on my burger.

특급패턴 058

It tastes... 맛이 ~네요

주문한 음식을 먹고, 맛에 대해 표현하고 싶다면 It tastes... 패턴으로 말해 보세요. tastes를 빼고 It's... 뒤에 곧장 맛에 대한 표현을 넣어서 말해도 됩니다.

맛있네요.
It tastes good.

아주 맛있네요.
It tastes great.

맛있어요.
It tastes delicious. delicious 맛있는

조금 짜네요.
It tastes a little salty. salty 짠

조금 밍밍해요.
It tastes kind of bland. bland 밍밍한

● 맛 표현
단 sweet
신 sour
쓴 bitter
달콤 쌉쌀한 bittersweet
느끼한 greasy
맛있는 tasty
바삭바삭한 crunchy
퍽퍽한 dry
눅눅한 soggy
김 빠진 flat
맛이 없는 not tasty[good]
(고추처럼 원래) 매운 hot
(양념으로) 매운 spicy

A: How's your pasta?
B: **It tastes really good.**
A: Great. If you need anything, just holla* at me.
B: Will do.

A: 파스타는 입에 맞으세요?
B: 아주 맛있어요.
A: 잘 됐네요. 필요한 게 있으시면 절 불러 주세요.
B: 그럴게요.

특급훈련 1 다음을 따라 말하고, 해석해 보세요.

1 It tastes delicious.
2 It tastes great.
3 It tastes kind of bland.
4 It tastes good.
5 It tastes a little salty.

특급훈련 2 힌트 단어를 예문에 넣어 영어로 말해 보세요.

1 맛이 없어요. bad
2 아주 맛있네요. 옆을 보지 말고, 외워서 말해 보세요.
3 맛이 신선해요. fresh
4 조금 달아요. a little sweet
5 조금 느끼해요. a little greasy

★ 저를 크게 불러 주세요. holla!

holla는 '소리지르다', '고함치다'라는 뜻의 holler를 발음 그대로 적은 것입니다. 시끄러운 식당에서는 큰 소리로 말해야 하기 때문에 이 표현을 자주 씁니다. holla 대신 shout(소리지르다)를 써도 됩니다.

특급패턴 059 What's the name of…?
~는 이름이 뭔가요?

요리의 이름을 기억해 두면 다음에 더 자연스럽게 주문할 수 있겠죠. What's the name of…?는 남이 먹는 음식이 뭔지 궁금할 때도 쓸 수 있는 패턴입니다.

이거 이름이 뭔가요?
What's the name of this?

저 음식은 이름이 뭔가요?
What's the name of that dish?   dish 요리; 접시

이 차 이름이 뭔가요?
What's the name of this tea?

이 과일 이름이 뭔가요?
What's the name of this fruit?

저기 여자분이 먹고 있는 샌드위치는 이름이 뭔가요?
What's the name of the sandwich she's having over there?

A: What's the name of this?
B: It's our special buttermilk ranch dressing.
A: It's really good. Can I get some more?
B: Not a problem. I'll be right back with it.

   A: 이거 이름이 뭔가요?
   B: 저희 가게의 특제 버터밀크 랜치 소스입니다.
   A: 정말 맛있네요. 조금 더 주실 수 있나요?
   B: 물론이죠. 금방 가져다 드릴게요.

 **특급훈련 1** 다음을 따라 말하고, 해석해 보세요.

1 What's the name of this tea?
2 What's the name of this?
3 What's the name of this fruit?
4 What's the name of that dish?
5 What's the name of the sandwich she's having over there?

 **특급훈련 2** 힌트 단어를 예문에 넣어 영어로 말해 보세요.

1 저건 이름이 뭔가요? — that
2 저 음식은 이름이 뭔가요? — 옆을 보지 말고, 외워서 말해 보세요.
3 이 버터는 이름이 뭔가요? — this butter
4 이 빵 이름이 뭔가요? — this bread
5 저기 여자분이 먹고 있는 케이크는 이름이 뭔가요? — the cake she's having over there

★ 여러 종류의 아침 식사

영미권, 특히 미국에서는 와플이나 프렌치 토스트, 팬케이크를 아침 식사로 먹는 경우가 많습니다. 우리에게는 이런 음식이 디저트나 간식 개념이라 조금 낯설죠. 물론 베이컨이나, 계란 요리, 빵과 시리얼, 베이크드 빈(baked beans) 등도 아침으로 많이 먹습니다.

특급패턴 060

Would you like...?
~하시겠어요?

Would you like...?은 음료를 마실 건지, 주문을 할 건지 의사를 묻는 패턴입니다. 식당뿐 아니라 호텔, 쇼핑몰 등 직원의 질문을 알아 들을 수 있어야 소통이 잘 되겠죠. Would you like...? 뒤에는 명사형이나 to부정사가 옵니다.

지금 주문하시겠어요?
Would you like to order now? order 주문하다

디저트 드시겠어요?
Would you like something for dessert?

마실 것 좀 드릴까요?
Would you like something to drink?

리필 하시겠어요?
Would you like a refill?

제가 접시 치워 드릴까요?
Would you like me to take your plates away?
take away 치우다 plate 그릇, 접시

A: Would you like to order now?
B: Let me get the baby-back ribs. baby-back ribs 등갈비
    And she'll have the avocado salad.
A: Would you like your orders all together or whichever comes out first?
B: Whichever comes out first. whichever 어느 쪽이든

> A: 지금 주문하시겠어요?
> B: 백 립스 주세요. 그리고 친구는 아보카도 샐러드로 주세요.
> A: 음식은 한꺼번에 드릴까요, 아니면 먼저 나오는 것부터 드릴까요?
> B: 먼저 나오는 것부터 주세요.

특급훈련 1 다음을 따라 말하고, 해석해 보세요.

1. Would you like something to drink?
2. Would you like to order now?
3. Would you like me to take your plates away?
4. Would you like a refill?
5. Would you like something for dessert?

특급훈련 2 힌트 단어를 예문에 넣어 영어로 말해 보세요.

1. 지금 주문하시겠어요? — 옆을 보지 말고, 외워서 말해 보세요.
2. 지금 계산 하시겠어요? — to pay now
3. 맛을 보시겠어요? — to try some
4. 리필 하시겠어요? — 옆을 보지 말고, 외워서 말해 보세요.
5. 제가 접시 치워 드릴까요? — 옆을 보지 말고, 외워서 말해 보세요.

★ 가게마다 탄산음료 브랜드가 달라요

패스트푸드점은 물론 레스토랑에서도 보통 한 브랜드의 탄산음료를 제공합니다. 예를 들어 Coke(코카콜라)를 주문했는데 그 가게가 Pepsi만 취급한다면 직원은 Sorry, we only have Pepsi.(죄송하지만 저희는 펩시만 있어요.)라고 말할 지도 모릅니다. 이 경우 여행자는 자칫 콜라가 아예 없다고 생각할 수도 있겠죠. 이런 일이 없도록 음료 메뉴에서 탄산음료가 어느 브랜드인지 확인하고, 콜라를 주문할 때 거기에 맞게 Pepsi나 Coke로 주문해 보세요.

167

Do you want me to...?
제가 ~해 드릴까요?

Do you want me to...?는 '제가 ~하기를 바라시나요?' 즉, '제가 ~해 드릴까요?'라는 뜻입니다. 만약 내 쪽에서 어떤 일을 하고 싶다고 요청하고 싶다면 Can I...? 패턴으로 말하면 됩니다.

제가 접시 치워 드릴까요?
Do you want me to take your plates away?
take away 치우다; 제거하다 plate 접시

제가 시간을 좀 더 드릴까요?
Do you want me to give you some more time?

제가 빵을 좀 더 가져다 드릴까요?
Do you want me to bring you some more bread?
bring 가져다주다

제가 사이다를 한 잔 더 가져다 드릴까요?
Do you want me to bring you another Sprite?
Sprite 청량 음료 브랜드, 사이다

제가 계산서를 가져다 드릴까요?
Do you want me to bring you the check?   check 계산서

A: Do you want me to bring you some more bread?
B: Yes, please. Can you also bring me some butter?
A: No problem.

    A: 빵 좀 더 가져다 드릴까요?
    B: 네, 주세요. 버터도 더 주실래요?
    A: 그럼요.

특급훈련 1

다음을 따라 말하고, 해석해 보세요.

1. Do you want me to give you some more time?
2. Do you want me to bring you the check?
3. Do you want me to take your plates away?
4. Do you want me to bring you another Sprite?
5. Do you want me to bring you some more bread?

특급훈련 2

힌트 단어를 예문에 넣어 영어로 말해 보세요.

1. 제가 컵을 치워 드릴까요? — take your cup away
2. 제가 시간을 좀 더 드릴까요? — 옆을 보지 말고, 외워서 말해 보세요.
3. 제가 잼을 좀 더 가져다 드릴까요? — bring you some more jam
4. 제가 콜라 한 잔 더 가져다 드릴까요? — bring you another Coke
5. 제가 계산서를 가져다 드릴까요? — 옆을 보지 말고, 외워서 말해 보세요.

★ jam과 jelly는 다 같은 잼

미국에서는 딸기잼을 strawberry jam뿐 아니라 strawberry jelly라고도 합니다. 특히 작은 성냥갑만한 크기의 플라스틱 통에 담긴 것은 대부분 jelly라고 부릅니다.

저 딸기잼 한 봉지 주시겠어요?
⊙ Can I get a packet of strawberry jam?

저 딸기잼 두세 개 정도 주실래요?
⊙ Can I get a couple of strawberry jellies?

특급패턴 062

Do you need...? ~ 필요하세요?

식사 중에 추가로 필요한 게 있는지 직원이 손님에게 묻는 상황에는 Do you need...? 패턴이 등장합니다.

추가로 소스 더 필요하세요?
Do you need some extra sauce?

시간 더 필요하세요?
Do you need some more time?

냅킨 필요하세요?
Do you need some napkins?

거스름돈 필요하세요?
Do you need change?

이걸 담을 박스가 필요하세요?
Do you need a box for this?

드레싱 소스 종류
발사믹 드레싱
balsamic dressing

시저 드레싱
caesar dressing

엑스트라 버진 올리브 오일
extra virgin olive oil

프렌치 드레싱
French dressing

이탈리안 드레싱
Italian dressing

랜치 드레싱
ranch dressing

사우전드 아일랜드 드레싱
Thousand island dressing

비네그레트 드레싱
vinaigrette dressing

블루치즈 드레싱
blue cheese dressing

A: Do you need some extra sauce?
B: Yes, please.
A: Here you go.
B: Thank you.

A: 소스 더 필요하세요?
B: 네, 주세요.
A: 여기 있습니다.
B: 감사합니다.

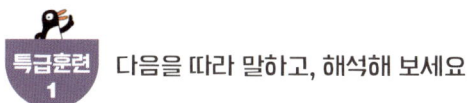 **특급훈련 1** 다음을 따라 말하고, 해석해 보세요.

1 Do you need some extra sauce?
2 Do you need some napkins?
3 Do you need change?
4 Do you need some more time?
5 Do you need a box for this?

 **특급훈련 2** 힌트 단어를 예문에 넣어 영어로 말해 보세요.

1 추가로 버터가 더 필요하세요? some extra butter
2 시간 더 필요하세요? 옆을 보지 말고, 외워서 말해 보세요.
3 메뉴판이 필요하세요? a menu
4 다른 거 뭐 더 필요하세요? anything else
5 그걸 담을 더 큰 봉투가 필요하세요? a bigger bag for that

★ 이 표현도 알아 두면 Great!

더 필요한 거 있으신가요?
◎ Is there anything else you need?

디저트 드시겠어요?
◎ Any room for dessert?

디저트 메뉴 보시겠어요?
◎ Would you like to see the dessert menu?

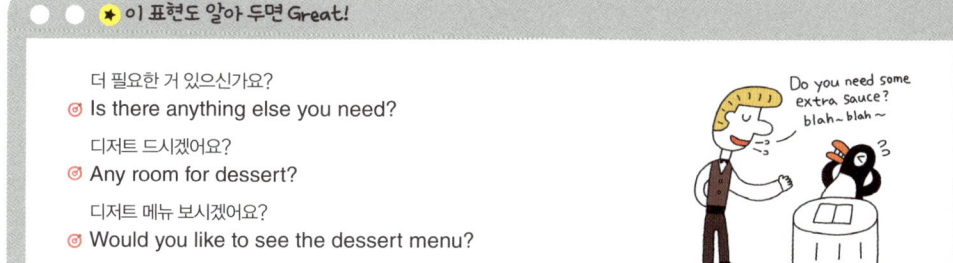

Can you...? ~해 주실래요?

Can you...? 패턴 뒤에 부탁하고 싶은 내용을 넣어 직원에게 요청하는 말을 해 봅시다. 더 정중하게 말하고 싶다면 Could you...?라고 말하면 됩니다.

잠깐 시간을 주실래요?
Can you give me a moment?   moment 잠시, 잠깐

이거 반으로 잘라 주시겠어요?
Can you cut this in half?   cut 자르다 in half 절반으로

접시 좀 더 가져다주실래요?
Can you bring me an extra plate?   plate 접시

빵을 좀 더 가져다주실래요?
Can you bring me some more bread?

에어컨 좀 틀어 주실래요?
Can you turn on the AC?   turn on 켜다 AC(air conditioner) 에어컨

A: Are you ready to order?
B: **Can you give me a moment?** I still haven't decided what to eat.   decide 결정하다
A: No problem. Take your time. Let me know when you're ready to order.
B: I will. Thanks.

A: 주문하실 준비 되셨나요?
B: 잠깐 시간 좀 주실래요? 뭘 먹을지 아직 못 정해서요.
A: 알겠습니다. 천천히 고르세요. 주문하실 준비가 되면 알려 주세요.
B: 그럴게요. 감사합니다.

특급훈련 1

다음을 따라 말하고, 해석해 보세요.

1 Can you cut this in half?
2 Can you bring me some more bread?
3 Can you bring me an extra plate?
4 Can you turn on the AC?
5 Can you give me a moment?

특급훈련 2

힌트 단어를 예문에 넣어 영어로 말해 보세요.

1 잠깐 시간을 주실래요? — 옆을 보지 말고, 외워서 말해 보세요.
2 이거 반으로 잘라 주시겠어요? — 옆을 보지 말고, 외워서 말해 보세요.
3 냅킨을 좀 더 가져다주실래요? — bring me some extra napkins
4 잼을 좀 더 가져다주실래요? — bring me some more jam
5 에어컨 좀 꺼 주실래요? — turn off the AC

★ 햄버거의 친구 감자튀김

일반적으로 감자튀김은 French fries나 fries라고 합니다. 다만 감자를 자른 모양에 따라 부르는 이름이 다르기도 합니다.

일반 감자튀김	반달 모양의 웨지 감자	동그랗게 말린 감자튀김	고구마 튀김
ⓘ French fries	ⓘ wedges	ⓘ curly fries	ⓘ sweet potato fries

173

특급패턴 064

Can I get...? 저에게 ~를 주시겠어요?

Can you...?와 마찬가지로 상대방에게 어떤 요청을 할 때 쓰는 패턴입니다. get 뒤에 필요한 물건을 넣어 말하세요. 직역하면 '제가 ~를 받을 수 있나요?'라는 말이니 '저에게 ~를 주시겠어요?'라고 해석하면 됩니다.

저 따뜻한 물 좀 주시겠어요?
Can I get some warm water?   warm water 따뜻한 물

저 포크 좀 주시겠어요?
Can I get a fork?

저 계산서 좀 주시겠어요?
Can I get the check?   check 계산서

저 냅킨 좀 주시겠어요?
Can I get some napkins?

저 메뉴판 좀 주실래요?
Can I get a menu?

특급 대화

A: **Can I get a refill?**
B: Sure. Diet Coke, right?
A: Regular.   regular 일반적인, 보통의
B: Oh, my bad. I'll be right back with it.

A: 리필 좀 해주시겠어요?
B: 네, 다이어트 콜라 맞으시죠?
A: 일반 콜라요.
B: 아, 제 실수네요. 곧 가져다 드릴게요.

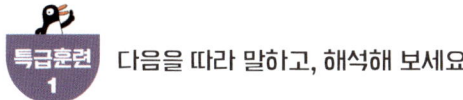
특급훈련 1 다음을 따라 말하고, 해석해 보세요.

1 Can I get some napkins?

2 Can I get the check?

3 Can I get some warm water?

4 Can I get a menu?

5 Can I get a fork?

특급훈련 2 힌트 단어를 예문에 넣어 영어로 말해 보세요.

1 저 얼음물 좀 주시겠어요?   some iced water

2 저 숟가락 좀 주시겠어요?   a spoon

3 저 영수증 좀 주시겠어요?   a receipt

4 저 소금 좀 주시겠어요?   some salt

5 저 후추 좀 주실래요?   some pepper

★ 식당에선 직원의 이름을 기억해 두자

외국의 식당에는 보통 각 테이블마다 담당하는 직원이 있습니다. 담당 직원이 와서 자신의 이름을 말하면 잘 기억해뒀다가 필요한 게 있을 때 이름을 부르면 됩니다. 이름이 기억나지 않는다면 손을 들고 Excuse me나 Hi, Hello라고 해도 괜찮습니다.

특급패턴 065
You can... ~해 주세요

You can...을 '너는 ~할 수 있다'라는 직역으로 받아들이면 뭔가 어색한 느낌이 들 거예요. '너는 ~해도 된다', '너 ~해라' 정도로 해석하세요. 음식을 가져온 직원에게 어디에 놓아 달라고 말하거나 택시 기사에게 잔돈을 주지 않아도 된다고 말할 때처럼 You can...을 쓸 일이 자주 있습니다.

그냥 중앙에 놓아 주세요.
You can just put them in the middle. put 놓다 in the middle 중앙에

잔돈은 가지세요.
You can keep the change. keep 계속 가지고 있다 change 잔돈

이 접시 좀 치워 주세요.
You can take these plates away. take away 치우다

준비가 되는 것부터 가져다주세요.
You can bring whatever comes out first.
whatever ~한 모든 것 come out 나오다

한꺼번에 주세요.
You can bring them altogether.* altogether 모두 합쳐

A: Where do you want me to put this pasta and salad?
B: You can just put them in the middle.
　　We're going to share them. share 나누다
A: Okay.

　　A: 이 파스타랑 샐러드 어디에 놓을까요?
　　B: 그냥 중간에 놓아 주세요. 저희 같이 나눠 먹을 거예요.
　　A: 네.

특급훈련 1 다음을 따라 말하고, 해석해 보세요.

1 You can keep the change.
2 You can just put them in the middle.
3 You can bring them altogether.
4 You can take these plates away.
5 You can bring whatever comes out first.

특급훈련 2 힌트 단어를 예문에 넣어 영어로 말해 보세요.

1 그냥 옆에 놓아 주세요.   just put them on the side
2 잔돈은 가지세요.   옆을 보지 말고, 외워서 말해 보세요.
3 이 포크와 칼 좀 치워 주세요.   take these forks and knives away
4 준비가 되는 것부터 가져다 주세요.   옆을 보지 말고, 외워서 말해 보세요.
5 한꺼번에 주세요.   옆을 보지 말고, 외워서 말해 보세요.

★ all together와 altogether 뭐가 다를까?

all together는 '전부, 다 같이'라는 뜻이고, altogether은 '완전히, 전적으로, 다 해서, 총'이라는 뜻입니다. 예문을 보고 차이점을 확인하세요.

다 같이 먹자.
◉ Let's eat all together.

난 다 해서 200달러 냈어.
◉ I paid 200 dollars altogether.

특급패턴 066
I think I got the wrong...
잘못 ~한 것 같아요

주문한 메뉴가 제대로 나오지 않았을 때는 직원에게 사정을 이야기 해야 합니다. 원래는 I think I have got...이라고 해야 맞지만 일상에서는 발음하기 편하도록 have를 아예 생략하는 편이에요. have got이라는 건 알아 두고 발음은 got만 해도 괜찮습니다.

주문이 잘못된 것 같아요.
I think I got the wrong order.

음료가 잘못 나온 것 같아요.
I think I got the wrong drink.   drink 음료; 술

피자가 잘못 나온 것 같아요.
I think I got the wrong pizza.

햄버거가 잘못 나온 것 같아요.
I think I got the wrong burger.

스프가 잘못 나온 것 같아요.
I think I got the wrong soup.

주문 오류 표현
이건 제가 주문한 게 아닌데요.
This is not what I ordered.

전 스테이크 샐러드가 아니라 치킨 샐러드를 주문했어요.
I ordered chicken salad, not steak salad.

전 커피를 주문하지 않았어요.
I didn't order coffee.

A: Excuse me. **I think I got the wrong order.** I didn't order this pizza.
B: I'm sorry. I'll get you the right order. Again, I'm sorry.
A: That's okay.

A: 죄송합니다만 주문이 잘못 된 것 같은데요. 전 이 피자를 시킨 적이 없거든요.
B: 죄송합니다. 주문하신 거 제대로 갖고 올게요. 다시 한 번 죄송합니다.
A: 괜찮아요.

특급훈련 1 — 다음을 따라 말하고, 해석해 보세요.

1 I think I got the wrong drink.
2 I think I got the wrong burger.
3 I think I got the wrong order.
4 I think I got the wrong soup.
5 I think I got the wrong pizza.

특급훈련 2 — 힌트 단어를 예문에 넣어 영어로 말해 보세요.

옆을 보지 말고, 외워서 말해 보세요.

1 주문이 잘못된 것 같아요.
2 맥주가 잘못 나온 것 같아요. — beer
3 칵테일이 잘못 나온 것 같아요. — cocktail
4 샐러드가 잘못 나온 것 같아요. — salad
5 사이드 메뉴가 잘못 나온 것 같아요. — side menu

★ 스테이크는 맛있어

미국의 소고기 등급은 보통 아래와 같이 세 가지로 나뉩니다. 외국에서는 소고기 스테이크를 살짝 익혀 먹는 편인데 덜 익은 고기가 싫다면 well done으로 주문하세요.

미국의 소고기 등급
- USDA SELECT < USDA CHOICE < USDA PRIME

이거 완전히 익은 게 아닌 것 같은데요.
- I don't think this is well done.

특급패턴 067 Can I pay...? ~로 계산해도 되나요?

Can I pay...?는 음식 값이나 물건 값을 지불할 때 어떤 수단으로 계산할 수 있는지 확인하는 패턴입니다. 카드로 계산할 수 있는지 묻거나 큰 금액의 돈만 있는데 괜찮은지 등 여러가지 물어볼 수 있겠죠.

신용카드로 계산해도 되나요?
Can I pay with a credit card? credit card 신용카드

지금 계산해도 되나요?
Can I pay now?

고액권으로 계산해도 되나요?
Can I pay with a large bill? large bill 고액권

반만 신용카드로 결제하고 나머지는 현금으로 결제해도 되나요?
Can I pay half with my credit card and the other half with cash? half 절반 other 다른, 나머지의

미국 달러로 계산해도 되나요?
Can I pay in US dollars?

A: Can I pay half with my credit card and the other half with cash?
B: Of course you can.
A: Great. Here's 20 dollars and here's my credit card.

A: 절반은 신용카드로 결제하고 나머지 절반은 현금으로 결제해도 되나요?
B: 네, 그렇게 하셔도 됩니다.
A: 잘됐네요. 여기 20달러하고 제 신용카드요.

특급훈련 1 — 다음을 따라 말하고, 해석해 보세요.

1. Can I pay with a credit card?
2. Can I pay with a large bill?
3. Can I pay now?
4. Can I pay in US dollars?
5. Can I pay half with my credit card and the other half with cash?

특급훈련 2 — 힌트 단어를 예문에 넣어 영어로 말해 보세요.

1. 체크카드로 계산해도 되나요? — with a debit card
2. 나중에 계산해도 되나요? — later
3. 개인 수표로 계산해도 되나요? — with a personal check
4. 반만 신용카드로 결제하고 나머지는 현금으로 결제해도 되나요? — 옆을 보지 말고, 외워서 말해 보세요.
5. 여행자 수표로 계산해도 되나요? — with a traveler's check

★ 따로 계산해 주세요

음식값은 전체를 한 번에 계산하는 것을 기본으로 보기 때문에 따로 계산하는 경우에만 요청하면 됩니다.

저희 따로 계산할 수 있나요?
Can we pay separately?

특급패턴 068

Sorry, we... 죄송합니다만, 저희는...

Sorry, we...에서 we는 '저희 가게'라고 해석하면 됩니다. 가게마다 방침이 다르니 계산과 관련된 것은 음식을 주문하기 전에 미리 확인하는 것이 좋습니다.

죄송합니다만, 저희는 현금만 받습니다.
Sorry, we only take cash.

죄송합니다만, 저희는 American Express 카드를 받지 않습니다.
Sorry, we don't take American Express.
American Express (회사 이름) 아메리칸 익스프레스 카드

죄송합니다만, 저희는 예약을 받지 않습니다.
Sorry, we don't take reservations.

죄송합니다만, 저희 가게는 애완동물 입장이 안 됩니다.
Sorry, we don't allow pets.　　allow 용납하다　pet 애완동물

죄송합니다만, 저희는 채식주의자를 위한 메뉴가 없습니다.
Sorry, we don't have any vegetarian menu items.
vegetarian 채식주의자　item 항목, 물품

A: Hi. This is Applebee's. How can I help you?
B: Hi. I'd like to make a reservation.
A: Sorry, we don't take reservations.
B: Okay, so it's walk-in only.　walk-in 예약이 필요 없는
A: Correct.

　A: 안녕하세요, 애플비스 입니다. 어떻게 도와 드릴까요?
　B: 안녕하세요. 예약 좀 하고 싶어서요.
　A: 죄송합니다만, 저희는 예약을 받지 않습니다.
　B: 그래요, 예약이 필요 없군요.
　A: 맞습니다.

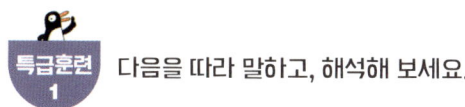 다음을 따라 말하고, 해석해 보세요.

1 Sorry, we don't have any vegetarian menu items.
2 Sorry, we only take cash.
3 Sorry, we don't take American Express.
4 Sorry, we don't take reservations.
5 Sorry, we don't allow pets.

 힌트 단어를 예문에 넣어 영어로 말해 보세요.

1 죄송합니다만, 저희는 현금만 받습니다.   옆을 보지 말고, 외워서 말해 보세요.
2 죄송합니다만, 저희는 BD 카드를 받지 않습니다.   don't take BD cards
3 죄송합니다만, 저희는 전화로 예약을 받지 않습니다.   don't take reservations over the phone
4 죄송합니다만, 저희는 신용카드를 받지 않습니다.   don't take credit cards
5 죄송합니다만, 저희는 쿠폰이 없습니다.   don't have any coupons

★ 계산서에는 음식 값만 있는 게 아니다!

VAT는 Value Added Tax의 약자로 부가가치세를 말하는데 계산서에는 보통 포함 여부가 표시되어 나옵니다. 단, 봉사료나 팁은 표시가 안 되는 경우도 있습니다. 팁은 tip이라고 하는데, 영수증에는 gratuity 또는 service charge라고 표기될 수도 있습니다.

MORE
식당에서 꼭 쓰는 단어와 표현

식당

식탁; 식탁에 둘러앉은 사람들 **table**
지역 식당 **local restaurant**
차에 탄 채 주문할 수 있는 **drive-thru**
주방장 **chef**
서빙하는 직원 **server**
남성 종업원, 웨이터 **waiter**
여성 종업원, 웨이트리스 **waitress**
바텐더 **bartender**

메뉴

식사 **meal**
메뉴 **menu**
오늘의 특별 메뉴 **today's special**
점심 메뉴 **lunch special**
(가장 일반적 의미의) 채식주의자 **vegetarian**
엄격한 채식주의자 **vegan**
(특정 지역, 나라의) 요리법; 요리 **cuisine**
콤보 **combo [combination]** — 여러 음식이 같이 나오는 것을 말해요.
어린이 메뉴 **kids' menu**
마지막 주문 **last order**

주류

주류 **alcohol**
술 **liquor**
맥주 **beer**
와인 **wine**
병맥주 **bottled beer**
생맥주 **draft [tab] beer**
음료를 담는 큰 용기, 피처 **pitcher**
칵테일 **cocktail**
적포도주, 레드 와인 **red wine**
백포도주, 화이트 와인 **white wine**
위스키 **whiskey**
보드카 **vodka**
샴페인 **champagne**
무알콜 음료 **non-alcoholic drink**
병따개 **bottle opener**

음식

곁들임 음식 **side dish**
메인 요리 **main dish**
감자튀김 **French fries [chips(영국)]**
양파링 **onion rings**
치즈랑 같이 **with cheese**
치즈를 빼고 **without cheese**
아이스크림 콘 **ice cream cone**
흰빵 **white bread**
통밀빵 **wheat bread**

음료

음료 **drink [beverage]**
탄산음료 **soda [soft drink]**
콜라 **Coke**
펩시콜라 **Pepsi**
사이다 **Sprite**
레모네이드 **lemonade**
아이스티 **Iced-tea**
커피 **coffee**
광천수, 미네랄워터 **mineral water**
탄산수 **sparkle water**
얼음물 **iced water**
진저에일 **ginger ale** — 진저에일은 생강, 레몬 향이 나는 청량음료에요.

재료

고수 **cilantro [coriander]**
양파 **onion**
양상추 **lettuce**
오이 **cucumber**
(뿌리 채소) 참마 **yam**
고명, 토핑 **topping**
피클 **pickle**
양념 **seasoning**
샐러드 드레싱 **dressing**
후추; 피망 **pepper**
알레르기가 있는 **allergic**

식기
컵 받침 cup holder [coaster]
빨대 straw
뚜껑 lid
냅킨 napkin
그릇 bowl
젓가락 chopsticks
플라스틱 포크 plastic fork

요리법
(중식처럼) 재료를 넣고 뜨거운 불에 볶는 stir-fried
기름에 살짝 볶거나 튀긴 sauteed
기름에 튀기거나 볶은 fried
기름에 튀긴 deep-fried
(중국식) 볶음밥 fried rice
빵가루를 묻힌 breaded
석쇠에 굽다 grill
덜 익은 undercooked
너무 익은 overcooked
바깥쪽이 탄 burned the outside
까맣게 탄 burned

포장
포장 take-out [carry-out]
용기, 그릇 container
포장용 봉투 doggy bag
상자 box
남은 음식 leftover
배달 delivery
물수건 wet towel

계산
청구하다 charge
계산서 check [bill(영국)]
현금 cash
체크카드 debit card
봉사료, 팁 tip [gratuity, service charge]
쿠폰 coupon
무료의 complimentary

식당 입장

저희는 일행이에요.
We're together.

금방 한 사람 더 올 거예요.
We have one more coming in a minute.

일행이 두 명 더 오면 주문해도 될까요?
Can we order after two of our friends get here?

잠시만 기다리시면 담당 직원이 올 거예요.
Your server will be right with you.

안녕하세요, 제 이름은 마샤입니다.
오늘 여러분의 테이블을 담당할 거예요.
Hi, my name is Martha and I'll be your server today.

재료 확인

그거 안에 뭐가 들어갔나요?
What's in it?

이 토핑 이름이 뭐예요?
What's the name of this topping?

이 스프에 고기 종류가 들어갔나요?
Is there some kind of meat in this soup?

이 안에 양파를 넣으셨나요?
Did you put onions in this?

그냥 궁금해서 그러는데요.
제 샐러드 위에 올려진 이것들은 뭘까요?
I was just wondering what these things on my salad are.

음식 취향

전 매운 음식을 별로 좋아하지 않아요.
I'm not a fan of spicy food.

전 야채를 좋아하지 않아요.
I don't like vegetables.

전 샐러드는 뭐든 다 좋아요.
I like any kind of salad.

전 피자를 가장 좋아해요.
Pizza is my favorite.

전 생선 빼고는 다 좋아해요.
I like everything except fish.

전 이거 전에 먹어본 적이 없어요.
I've never tried this before.

맛있나요?
Is it any good?

종업원과 대화

시간을 좀 더 드릴까요?
Would you like some more time?
Do you need a few more minutes?

아직 주문을 결정 못하셨나요?
Are you still deciding what to order?
Still don't know what to order?

지금까지 음식이 입에 맞으시나요?
How's everything tasting so far?

파스타는 맛이 어떠세요?
How's your pasta?

준비가 되면 알려 주세요.
Let me know when you're ready.

다 드셨나요?
Are you all done?

아직 드시고 계시나요?
Are you still working on that?

전 다 먹었어요.
I'm all done.

전 아직 다 안 먹었어요.
I'm not done [finished] yet.
I'm still working on it.

음식 양이 얼마나 되나요?
How big are the portions?

양이 많아요.
The portions are big.

스테이크를 시키면 감자튀김이나 하우스 샐러드 중 하나를 고르실 수 있습니다.
The steak comes with your choice of fries or a house salad.

패스트푸드

컵 뚜껑을 하나 받을 수 있을까요?
Can I get a lid for my cup?

치즈를 넣어달라고 그랬는데, 치즈가 없네요.
I said with cheese, but there's no cheese.

감자튀김 대신에 양파링으로 주문할 수 있을까요?
Can I get onion rings instead of fries?

양파링을 주문하면 추가로 얼마를 더 내야하죠?
How much extra do I have to pay for onion rings?

제 번호를 부르셨나요?
Did you call my number?

탄산음료를 쏟았어요.
I spilled my soda.

요청

양파는 빼 주세요.
Hold the onions.

드레싱은 한 쪽에 뿌려 주세요.
Dressing on the side, please.

소금은 조금만 넣어 주세요.
Easy on the salt, please.

이거 치워 주시겠어요?
Can you take these away?

죄송하지만 음식이 식었네요.
Excuse me, but my food is cold.

데워주실 수 있나요?
Could you warm it up for me?

머스타드가 떨어졌어요.
We're out of mustard.

주문을 바꿔도 될까요?
Can I change my order?

전 봉지 하나가 더 필요해요.
I think I need another bag.

컴플레인

아직 제가 주문한 게 안 나왔어요.
I haven't received my order yet.

주문한 거 나오려면 얼마나 걸리나요?
How long till we receive our order?

저희 주문 좀 확인해 주시겠어요?
Could you check on our order?

주문한 지 30분 됐어요.
It's been 30 minutes since I gave my order.

저희가 시간이 없거든요.
We're running late.

이거 완전히 익은 게 아닌 것 같은데요.
I don't think this is well done.

계산

얼마라고 하셨죠?
How much is it again?

계산서를 주시겠어요?
Can I have the check?

같이 계산하실 건가요, 아님 따로 계산하실 건가요?
Are you paying together or separately?

각자 계산할게요.
Separate checks, please.

저희 각자 계산할 수 있나요?
Can we pay separately?

저희 같이 낼게요.
We'll pay together.

이 신용카드 되나요?
Can you try this credit card?

계산은 여기서 하나요, 계산대에서 하나요?
Should I pay here or at the cash register?

잔돈 필요하세요?
Need change?

잔돈은 필요 없어요.
I don't need change.

07 SPECIAL STORY

고기
취향껏 고기를 주문하자!

고기의 익힘 정도를 나타내는 표현은 아래 표에서 확인하세요. 아래로 내려갈수록 잘 익은 상태를 말합니다.

blue rare [블루 레어] 겉만 아주 살짝 익힌 상태
rare [레어] 겉을 살짝 익힌 상태
medium rare [미디움 레어] 가운데는 거의 안 익힌 상태
medium [미디움] 가운데에 살짝 핏기가 있는 상태
medium well [미디움 웰] 가운데만 살짝 덜 익힌 상태
well done [웰던] 완전히 잘 익힌 상태

음식을 익히는 정도와 관련된 표현도 함께 알아 두세요.

VOCA
완전 익힌 **overcooked**
덜 익힌 **undercooked**
고기를 핏기가 살짝 보일 정도로 익힌 **pink**
고기를 빨간 피가 비칠 정도록 덜 익힌 **red**

69 What... are you looking for? 무슨 ~를 찾으시나요?
70 I'm looking for... 전 ~를 찾고 있어요
71 Do you carry...? ~가 있나요?
72 Do you have...? ~ 가 있나요?
73 Which one is...? 어느 것이 ~인가요?
74 Which... do you recommend...? 어떤 ~를 추천하세요?
75 Is it...? 그거 ~인가요?
76 How about...? ~는 어때요?
77 I don't know... ~를 모르겠어요

78 Let me... ~할게요
79 I thought this was... 전 이게 ~라고 생각했어요
80 This/That one... 이거/저거요
81 I'd like to... ~하고 싶어요
82 Can I try...? ~해 볼 수 있나요?
83 It's a little... 조금 ~해요
84 What if I...? 만약 제가 ~하면요?
85 I'll take... ~살게요

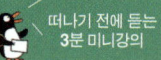
떠나기 전에 듣는
3분 미니강의

PART 7

쇼핑

특급패턴 069
What... are you looking for?
무슨 ~를 찾으시나요?

쇼핑몰에서 구경을 하고 있으면 아마 직원이 다가와 What are you looking for?(뭘 찾고 계신가요?) 이라고 물을 겁니다. 여기서 look for는 '~를 찾다'라는 뜻입니다. 대답은 I'm looking for... 패턴으로 하면 됩니다.

무엇을 찾고 계신가요?
What are you looking for?

어떤 사이즈를 찾고 계신가요?
What size are you looking for?

어떤 브랜드를 찾고 계신가요?
What brand are you looking for? brand 상표, 브랜드

어떤 색상을 찾고 계신가요?
What color are you looking for?

어떤 모델을 찾고 계신가요?
What model are you looking for?

 특급대화

A: **What size are you looking for?**
B: I'm looking for a size 9.
A: I'll go check the back and see if we have your size.
B: Thanks.

A: 어떤 사이즈 찾고 계신가요?
B: 9 사이즈요.
A: 저희가 가지고 있는지 뒤쪽에 가서 확인해 볼게요.
B: 감사합니다.

특급훈련 1 다음을 따라 말하고, 해석해 보세요.

1 What model are you looking for?
2 What are you looking for?
3 What brand are you looking for?
4 What size are you looking for?
5 What color are you looking for?

특급훈련 2 힌트 단어를 예문에 넣어 영어로 말해 보세요.

1 무엇을 찾고 계신가요?   옆을 보지 말고, 외워서 말해 보세요.
2 어떤 스타일을 찾고 계신가요?   style
3 어떤 브랜드를 찾고 계신가요?   옆을 보지 말고, 외워서 말해 보세요.
4 어떤 색상을 찾고 계신가요?   옆을 보지 말고, 외워서 말해 보세요.
5 어떤 품목을 찾고 계신가요?   item

⭐ 영어 표현이 궁금한 쇼핑 아이템

벙어리장갑 mittens   남성용 삼각 팬티 briefs
발찌 anklet   여성용 팬티 panties
팔찌 bracelet   울이나 면으로 만든 스웨터 pullover
큰 손가방, 토트백 tote   라운드 넥 crew neck
여성용 지갑, 핸드백 purse   신발 깔창 insoles
반팔[긴팔] short [long] sleeves   목이 긴 스웨터, 터틀넥 polo [turtleneck]
남성용 사각 팬티 boxers

193

특급패턴 070 I'm looking for... 전 ~를 찾고 있어요

쇼핑몰에서 직원에게 찾는 물건을 말하고 싶을 때는 I'm looking for...를 씁니다. 물건뿐 아니라 길을 물을 경우에도 유용한 패턴이에요.

전 캐시미어 스카프를 찾고 있어요.
I'm looking for a cashmere scarf.
cashmere scarf 캐시미어(부드러운 모직)로 만든 스카프

전 정장 구두 한 켤레를 찾고 있어요.
I'm looking for a pair of dress shoes.
a pair of 한 쌍 dress shoes 정장 구두

전 운동화를 찾고 있어요.
I'm looking for a pair of running shoes.   running shoes 운동화

전 가죽 장갑을 찾고 있어요.
I'm looking for leather gloves.   leather gloves 가죽 장갑

전 여성용 지갑을 찾고 있어요.
I'm looking for a women's purse.*

A: Hi. Can I help you with anything?
B: **I'm looking for leather gloves.**
A: What color are you looking for?
B: Either black or brown.

○ 지갑 표현
일반적으로 지갑은 남녀 구분 없이 wallet이라고 하는데, 여성용으로 나온 작은 지갑은 purse라고 부르기도 합니다.

A: 안녕하세요. 무엇을 도와 드릴까요?
B: 가죽 장갑을 찾고 있어요.
A: 어떤 색상을 찾고 계신가요?
B: 검정색이나 갈색이요.

특급훈련 1 — 다음을 따라 말하고, 해석해 보세요.

1. I'm looking for a pair of running shoes.
2. I'm looking for a women's purse.
3. I'm looking for a cashmere scarf.
4. I'm looking for leather gloves.
5. I'm looking for a pair of dress shoes.

특급훈련 2 — 힌트 단어를 예문에 넣어 영어로 말해 보세요.

1. 전 쪼리를 찾고 있어요. — flip-flops
2. 전 샌들 한 켤레를 찾고 있어요. — a pair of sandals
3. 전 지갑을 찾고 있어요. — a wallet
4. 전 AAA 배터리를 찾고 있어요. — AAA batteries
5. 전 여성용 시계를 찾고 있어요. — a women's watch

★ 복잡한 쇼핑몰에서 길을 잃다

백화점이나 대형 쇼핑몰은 인테리어가 휘황찬란하고 복잡해서 길을 잃기 쉽습니다. 대부분의 쇼핑몰 직원은 유니폼을 입고 가슴에 명찰을 달고 있으니 직원을 만나면 도움을 요청하세요.

여기 직원이신가요?
◎ Do you work here?

네. 궁금한 점 있으신가요?
◎ Yes. Do you have any questions?

특급패턴 071

Do you carry...? ~가 있나요?

carry에는 '취급하다'와 '가지고 있다'라는 뜻도 있습니다. have도 동일한 의미로 쓸 수 있는데, 특정 상품을 취급하는지 물을 때는 주로 carry를 씁니다. have는 사이즈나 색상을 물어볼 때 더 어울려요.

휴대용 배터리 충전기 있나요?
Do you carry portable battery chargers?
portable battery charger 휴대용 배터리 충전기

여성용 향수 있나요?
Do you carry women's perfume? perfume 향수

블루투스 스피커 있나요?
Do you carry bluetooth speakers? bluetooth 무선 연결 기법, 블루투스

혹시 남자용 배낭 있나요?
Do you carry any men's backpacks? backpack 배낭, 백팩

혹시 이거 더 있나요?
Do you carry any more of these?

A: Do you carry bluetooth speakers?
B: We do. What brand are you looking for?
A: Anything good for the price.
B: Here are our bluetooth speakers. Why don't you take a look at them and see if you have any questions? take a look at ~를 한번 보다

  A: 블루투스 스피커 있나요?
  B: 있습니다. 어떤 브랜드를 찾으시나요?
  A: 가격 대비 성능이 좋다면 뭐든 괜찮아요.
  B: 여기 저희 블루투스 스피커들인데요, 한번 살펴보고 궁금한 거 있나 보시겠어요?

특급훈련 1 다음을 따라 말하고, 해석해 보세요.

1 Do you carry bluetooth speakers?

2 Do you carry women's perfume?

3 Do you have any more of these?

4 Do you carry portable battery chargers?

5 Do you carry any men's backpacks?

특급훈련 2 힌트 단어를 예문에 넣어 영어로 말해 보세요.

1 스니커즈 운동화 있나요? sneakers

2 애플 제품이 있나요? Apple products

3 플랫 신발 있나요? flats

4 혹시 부츠가 있나요? any boots

5 혹시 다른 선글라스가 있나요? any other sunglasses

★ 이 표현도 알아 두면 Great!

이 쇼핑몰에 갭 매장이 있나요?
◉ Do you have a Gap store in this mall?

저 USB 찾는 것 좀 도와주시겠어요?
◉ Can you help me find a USB flash drive?

이 가게에 탈의실이 있나요?
◉ Do you have a dressing room?

Do you have...? ~가 있나요?

Do you carry...?와 함께 가게에서 취급하는 물건에 대해 묻는 패턴입니다. 직접적으로 필요한 물건을 말하는 I need...(전 ~가 필요해요) 패턴을 써도 됩니다.

좀 더 큰 거 있나요?
Do you have a bigger one? bigger 더 큰

좀 더 작은 거 있나요?
Do you have a smaller one? smaller 더 작은

이거 하얀색으로 있나요?
Do you have this in white?

8 사이즈 있나요?
Do you have a size 8?

중간 사이즈 있나요?
Do you have a medium size? medium 중간인

A: Excuse me. **Do you have this in white?**
B: We should. Let's see. Here it is.
A: Great. Thank you.
B: You're welcome.

    A: 죄송하지만, 이거 하얀색 있나요?
    B: 있을 거예요. 어디 보자. 여기 있습니다.
    A: 잘됐네요. 감사합니다.
    B: 별말씀을요.

특급훈련 1 다음을 따라 말하고, 해석해 보세요.

1. Do you have a size 8?
2. Do you have a bigger one?
3. Do you have this in white?
4. Do you have a medium size?
5. Do you have a smaller one?

특급훈련 2 힌트 단어를 예문에 넣어 영어로 말해 보세요.

1. 좀 더 넓은 거 있나요? a wider one
2. 좀 더 좁은 거 있나요? a narrower one
3. 이거 카키색으로 있나요? this in khaki
4. 9 사이즈 있나요? a size 9
5. 스몰 사이즈 있나요? a small size

★ 사이즈가 안 맞을 땐 이렇게도 말해요

이거 저한테 너무 작네요.
⊙ This is too small for me.

이거 제 발에는 너무 크네요.
⊙ This is too big for my feet.

Which one is...? 어느 것이 ~인가요?

Which one은 '어느 것'이라는 뜻으로 여러 가지 상품을 놓고 고민할 때 쓸 수 있는 표현입니다. Which is...?라고 해도 되지만 one을 넣어 Which one is...?라고 하는 게 더 일반적이에요.

어느 게 더 싼가요?
Which one is cheaper? <small>cheaper 값이 더 싼</small>

어느 게 할인하고 있는 제품인가요?
Which one is on sale? <small>on sale 할인 중인</small>

저한테는 어떤 게 더 나을까요?
Which one is better for me? <small>better 더 좋은</small>

지성 피부에는 어떤 게 더 좋나요?
Which one is better for oily skin? <small>oily skin 지성 피부</small>

이거랑 저거 중에 어떤 게 더 인기가 많나요?
Which one is more popular between this one and that one? <small>more popular 더 인기 있는</small>

A: What do you think?
B: I like them both. **Which one is on sale?** <small>both 둘 다</small>
A: This white one. It's 49.99. And this blue one is 79.99.
B: Then I'll take the white one. <small>take 사다; 얻다</small>

on sale과 for sale
sale 앞에 on이 오면 '할인 중인'이라는 뜻이고, for가 오면 '판매 중인'이라는 뜻이에요.

A: 어떠세요?
B: 둘 다 마음에 드는데요. 어떤 게 할인하는 거죠?
A: 하얀색이요. 지금 49달러 99센트예요. 이 파란색은 79달러 99센트고요.
B: 그럼 하얀색으로 주세요.

특급훈련 1 — 다음을 따라 말하고, 해석해 보세요.

1. Which one is better for me?
2. Which one is on sale?
3. Which one is cheaper?
4. Which one is more popular between this one and that one?
5. Which one is better for oily skin?

특급훈련 2 — 힌트 단어를 예문에 넣어 영어로 말해 보세요.

1. 어느 게 더 가벼운가요? — lighter
2. 어느 게 판매하고 있는 제품인가요? — for sale
3. 저희 엄마한테는 어떤 게 더 나을까요? — better for her* [my mom]
4. 건성 피부에는 어떤 게 더 좋나요? — better for dry skin
5. 이거랑 저거 중에 어떤 게 더 인기가 좋나요? — 옆을 보지 말고, 외워서 말해 보세요.

★ 일행을 가리킬 때는 대명사를 사용하자!

함께 온 여자 일행을 가리킬 때는 대명사 her를 써서 말하는 게 자연스럽습니다. 이때 her은 가족이나 이성 친구, 연인으로 해석하세요. 일행이 남자일 때는 him, 여럿일 때는 them이라고 하면 됩니다.

전 맥주 주시고, 제 남편은 레드 와인으로 주세요.
◎ I'll have beer, and he'll have a red wine.

특급패턴 074

Which... do you recommend...?

어떤 ~를 추천하세요?

좋은 상품을 추천받고 싶다면 '추천하다'라는 뜻의 **recommend**를 활용하세요. do 자리에 would 를 넣어도 됩니다.

어떤 색깔을 추천하세요?
Which color **do you recommend?**

어떤 선크림을 추천하세요?
Which sunscreen **do you recommend?**   sunscreen 자외선 차단제

건성 피부에는 어떤 로션을 추천하세요?
Which lotion **do you recommend** for dry skin?

저한테는 어느 선글라스를 추천하세요?
Which sunglasses **do you recommend** for me?

제 아들한테는 어떤 백팩을 추천하세요?
Which backpack **do you recommend** for my son?

backpack 뒤로 매는 가방; 백팩   son 아들

특급 대화

A: Which sunglasses do you recommend for me?
B: This gray one. It's much lighter.   gray 회색
A: I'll take it.
B: Great. I'll ring it up over there.   ring something up ~의 가격을 입력하다; 팔다

A: 저한테는 어느 선글라스를 추천하세요?
B: 이 회색이요. 훨씬 더 가볍거든요.
A: 그걸로 주세요.
B: 좋네요. 저쪽에서 계산을 도와 드릴게요.

 다음을 따라 말하고, 해석해 보세요.

1. Which sunscreen do you recommend?
2. Which backpack do you recommend for my son?
3. Which lotion do you recommend for dry skin?
4. Which color do you recommend?
5. Which sunglasses do you recommend for me?

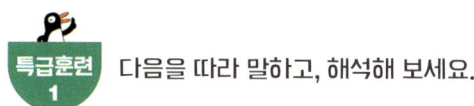 힌트 단어를 예문에 넣어 영어로 말해 보세요.

1. 어떤 것을 추천하세요?   one
2. 어떤 향수를 추천하세요?   perfume
3. 건성 피부에는 어떤 세안제를 추천하세요?   cleanser
4. 저한테는 어느 양산을 추천하세요?   parasol
5. 제 남편한테는 어떤 허리띠를 추천하세요?   belt do you recommend for my husband [him]

 퍼퓸은 여자만 쓴다!

일반적으로 perfume[퍼퓸]은 여자용 향수를 말합니다. 남자용 향수는 cologne[콜론]이라고 하는 편이에요. 네이티브도 엄격하게 구분해서 말하지는 않지만 표현만 보고도 어떤 성별을 위한 건지 추측이 되죠.

Is it...? 그거 ~인가요?

사물이나 상황은 주로 It을 주어로 해서 말합니다. 사물이 여러 개일 때는 Are they…?나 Are those…?라고 하면 됩니다.

그거 튼튼한가요?
Is it sturdy? sturdy 견고한

그거 방수되나요?
Is it waterproof? waterproof 방수의

그거 재사용이 되나요?
Is it reusable? reusable 재사용이 가능한

그게 다른 것보다 더 나은가요?
Is it better than the other? the other (둘 중의) 다른 하나

그거 가지고 다니기 쉬운가요?
Is it easy to carry around?

A: I have a quick question about this camera.
B: Sure, what is it?
A: Is it waterproof?
B: Yes, it is.

  A: 이 카메라 말인데요, 간단히 하나 여쭤 볼게요.
  B: 네, 뭔가요?
  A: 방수되나요?
  B: 그럼요.

물건 포장하기

유리로 만든 제품이나 그릇 은 집으로 가는 도중에 깨 질 수도 있으니 잘 포장해 달라고 꼭 요청하세요.

이것 좀 완충제로 포장해 주실래요?
Can you put this in bubble wrap for me?

이거 봉투에 따로 담아 주 실 수 있나요?
Can you put these in separate bags?

특급훈련 1 — 다음을 따라 말하고, 해석해 보세요.

1. Is it waterproof?
2. It it reusable?
3. Is it easy to carry around?
4. Is it sturdy?
5. Is it better than the other?

특급훈련 2 — 힌트 단어를 예문에 넣어 영어로 말해 보세요.

1. 그거 신축성이 있나요? *flexible*
2. 그거 방한이 되나요? *winterproof*
3. 그거 호환이 되나요? *compatible*
4. 그게 이거보다 더 나은가요? *better than this*
5. 그거 사용하기 쉬운가요? *easy to use*

이 표현도 알아 두면 Great!

이것 좀 따로 빼놓아 주실래요?
- Can you set this aside for me?

이건 어디에 두면 되나요?
- Where do I put this?

주차 도장 찍어 주시나요?
- Do you validate parking?

How about...? ~는 어때요?

How about...?은 '~는 어때요?'라는 뜻으로 간단하지만 여러 상황에서 쓸 수 있는 유용한 패턴입니다. What about...?도 같은 의미로 사용할 수 있습니다. 일상적인 대화 시에는 두 가지 모두 자주 사용합니다.

이건요?
How about this one?

이 두 개는요?
How about these two?

저것들은요?
How about those?

이 시계는 어때요?
How about this watch?   watch 시계

수프는 어때요?
How about soup?

A: **How about this?** How much is it?
B: It's 20 dollars.
A: **How about these?**
B: They're 30 dollars each.

　A: 이건요? 얼마인가요?
　B: 20달러입니다.
　A: 이것들은요?
　B: 그건 각각 30달러예요.

더 없을까?
가게에 있는 제품을 모두 봤는지 확인할 때 다음 표현을 쓸 수 있습니다.

그게 다인가요?
Is that all?

그게 다예요.
That's all.
That's it.

특급훈련 1 다음을 따라 말하고, 해석해 보세요.

1. How about these two?
2. How about soup?
3. How about this one?
4. How about this watch?
5. How about those?

특급훈련 2 힌트 단어를 예문에 넣어 영어로 말해 보세요.

1. 저건요? — that one
2. 저 세 개는요? — those three
3. 이것들은요? — these
4. 저 인형은 어때요? — that doll
5. 이 피자는 어때요? — this pizza

★ 물건이 자신의 가격을 '말' 한다고?

영어에서는 가격표나 이메일, 편지, 고지서 등에 쓰여 있는 가격이나 내용을 동사 say로 표현합니다. 꼭 그 물건이 자신의 가격을 '말하는' 것처럼 말이죠.

가격이 안 적혀 있어요.
- It doesn't say how much.

편지가 뭐라고 말해?
= 편지에 뭐라고 써 있어?
- What does the letter say?

I don't know... ~를 모르겠어요

사려는 물건에 대해 확실히 마음을 정하지 못했을 경우에는 여러 고민이 생깁니다. I don't know... 패턴은 직원이 물어본 질문에 대한 대답으로도 쓸 수 있고, 고민하며 도움을 요청하는 표현으로도 쓸 수 있습니다. I don't know 뒤에는 '주어+동사'나 '의문사(what/where/when)+to 부정사' 같은 형태가 올 수 있습니다.

제 신발 사이즈를 모르겠어요.
I don't know my shoe size.

누구에게 물어봐야 할지 모르겠어요.
I don't know who to ask.

뭘 사야 할지 모르겠어요.
I don't know what to buy.

어느 게 더 나은지 모르겠어요.
I don't know which one is better.

영수증이 어디에 있는지 모르겠어요.
I don't know where my receipt is. receipt 영수증

 who? whom?
관계대명사 who가 목적어 자리에 오는 경우 목적격인 whom으로 쓰는 게 문법적으로 맞지만, 일상 대화에서는 그냥 who로 말하는 것이 더 일반적입니다. 그러나 글을 쓸 때는 whom으로 써야 합니다.

A: I don't know which one is better.
B: Go with this.   go with ~로 가다[하다]
It's more comfortable and lighter.   comfortable 편안한 lighter 더 가벼운
A: Okay, I'll take it.

A: 어느 게 더 나은지 모르겠네요.
B: 이걸로 하세요. 이게 더 편하고 가벼워요.
A: 네, 그럼 그걸로 할게요.

특급훈련 1 다음을 따라 말하고, 해석해 보세요.

1. I don't know who to ask.
2. I don't know what to buy.
3. I don't know where my receipt is.
4. I don't know my shoe size.
5. I don't know which one is better.

특급훈련 2 힌트 단어를 예문에 넣어 영어로 말해 보세요.

1. 제 반지 사이즈를 모르겠어요. — my ring size
2. 누구에게 물어봐야 할지 모르겠어요. — 옆을 보지 말고, 외워서 말해 보세요.
3. 뭘 입어 봐야 할지 모르겠어요. — what to try on
4. 어느 게 더 나은지 모르겠어요. — 옆을 보지 말고, 외워서 말해 보세요.
5. 이걸 어디로 반품해야 하는지 모르겠어요. — where to return this

★ **사이즈를 모르겠어요**

나라마다 사이즈 표기법이 달라서 현지에서 어떤 사이즈로 옷이나 신발을 사야 할지 가늠이 어려울 수도 있습니다. 점원에게 도와달라고 말하면 사이즈를 측정해서 맞는 제품을 가져다 줄 거예요.

제 치수 좀 재어 주시겠어요?
→ Can you take my measurement?

제 사이즈가 어떻게 되는지 모르겠네요.
→ I don't know what size I am.

이 신발 7사이즈로 신어 봐도 될까요?
→ Can I try this shoe on in a seven?

209

특급패턴 078

Let me... ~할게요

마음에 드는 물건이 있어도 곧장 구입하기보다 일행과 상의를 하거나 다른 가게의 상품과 비교를 해 보는 것이 좋습니다. **Let me...** 는 직역하면 '제가 ~하게 해주세요'라는 뜻이지만 '저 ~좀 할게요'라고 해석하면 됩니다. 패턴 뒤에는 항상 동사원형이 옵니다.

생각해 볼게요.
Let me think about it.

조금 더 둘러볼게요.
Let me look around some more.
look around 둘러보다 some more 조금 더

그거 한번 입어 볼게요.
Let me try it on.   try on 입어 보다; 신어 보다

이 물건 반납하려고요.
Let me return this item.

일단 친구한테 물어볼게요.
Let me ask my friend first.   first 우선, 먼저

 return과 refund
return은 '반품하다'라는 뜻이고, refund는 '환불하다'라는 뜻입니다. 반품할 경우 상품을 다른 것으로 바꿀지(exchange) 아니면 환불할지(refund) 질문을 받을 수 있습니다.

특급
대화

A: How about this jacket? It'll go great with your jeans.
B: **Let me try it on.**
A: Here you go.

A: 이 재킷은 어떠세요? 손님 청바지랑 잘 어울릴 거예요.
B: 한번 입어 볼게요.
A: 여기 있습니다.

입고, 신고 try
try는 '옷을 입어 보다', '신발을 신어 보다'라는 뜻이 있어요.

이 신발 신어 봐도 되나요?
Can I try these shoes on?

특급훈련 1 다음을 따라 말하고, 해석해 보세요.

1 Let me try it on.

2 Let me look around some more.

3 Let me ask my friend first.

4 Let me return this item.

5 Let me think about it.

특급훈련 2 힌트 단어를 예문에 넣어 영어로 말해 보세요.

1 생각해 볼게요. 옆을 보지 말고, 외워서 말해 보세요.

2 조금 더 둘러볼게요. 옆을 보지 말고, 외워서 말해 보세요.

3 이 코트 좀 입어 볼게요. try this coat on

4 이 물건 반납하려고요. 옆을 보지 말고, 외워서 말해 보세요.

5 일단 저희 엄마랑 얘기해 볼게요. talk to my mom [her] first

★ 이 표현도 알아 두면 Great!

좀 둘러봐도 될까요?
Can I look around?

그냥 구경하고 있어요.
I'm just looking around.
I'm just browsing.

특급패턴 079
I thought this was...
전 이게 ~라고 생각했어요

제품 설명이나 이벤트에 대해 잘못 알았다면 I thought this was...으로 착각한 것을 말해 봅시다. 이 패턴으로 물건을 사지 않는 이유를 설명하는 말을 할 수도 있습니다.

전 이거 할인하는 줄 알았어요.
I thought this was on sale. <small>on sale 할인 중인</small>

전 이거 판매용인 줄 알았어요.
I thought this was for sale. <small>for sale 판매 중인</small>

전 이거 한 개에 5달러인 줄 알았어요.
I thought this was five dollars each. <small>each 각각</small>

전 이게 제 카트인 줄 알았어요.
I thought this was my cart.

전 오늘까지 이 쿠폰 쓸 수 있는 줄 알았어요.
I thought this coupon **was** good until today.
<small>coupon 쿠폰 good 유효한</small>

A: Your total is 20 dollars.
B: Not 10? **I thought this was five dollars each.**
A: Hold on, let me go check real quick. (After a moment) You were right. It's five dollars each. Sorry about that. <small>right 옳은</small>
B: Not a problem.

> **A:** 총 20달러입니다.
> **B:** 10달러가 아니라요? 이거 하나에 5달러인 줄 알았는데요.
> **A:** 잠시만요. 제가 얼른 확인 좀 해보고 올게요. (잠시 후) 고객님 말씀이 맞았네요. 하나에 5달러입니다. 죄송합니다.
> **B:** 괜찮습니다.

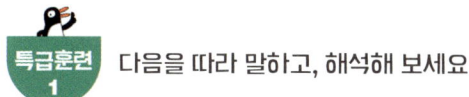 다음을 따라 말하고, 해석해 보세요.

1　I thought this was five dollars each.
2　I thought this was on sale.
3　I thought this coupon was good until today.
4　I thought this was for sale.
5　I thought this was my cart.

 힌트 단어를 예문에 넣어 영어로 말해 보세요.

1　전 이 가방이 할인하는 줄 알았어요.　　　　　I thought this bag was on sale.
2　전 이 스웨터가 판매용인 줄 알았어요.　　　I thought this sweater was for sale.
3　전 이거 한 개에 8달러인 줄 알았어요.　　　　　　　　　　eight dollars each
4　전 이게 제 거인 줄 알았어요.　　　　　　　　　　　　　　　　　　　mine
5　전 오늘까지 이 쿠폰 쓸 수 있는 줄 알았어요.　　옆을 보지 말고, 외워서 말해 보세요.

★ 원피스는 콩글리시

우리가 흔히 쓰는 '원피스'라는 말은 콩글리시입니다. 영어로는 **dress**라고 해야 맞는 표현입니다. '원피스'라고 하면 영어권에서는 수영복을 떠올리는 편이라 의사소통이 잘 안 될 수도 있어요.

위아래 한 벌로 된 수영복
◎ one-piece swimsuit

위아래가 분리된 수영복(비키니)
◎ two-piece swimsuit [bikini]

재킷과 바지로 이루어진 남성용 양복
◎ two-piece suit

213

This/That one... 이거/저거요

원하는 상품을 손으로 가리키며 직원에게 문의할 때 쓰는 패턴입니다.
one은 원어민이 자주 쓰는 구어체 표현으로 좀 더 캐주얼한 느낌을 줄 수 있습니다.

이거요.
This one.

저 맨 위에 있는 거요.
That one on top.

저쪽에 저거요.
That one over there.

이거 말고요. 왼쪽에 있는 저거요.
Not **this one. That one** on the left.

저기 가운데에 있는 노란 거요.
That yellow **one** in the middle.

one 써먹기
이것, 저것을 가리킬 때 this, that이라고 해도 되지만 this one, that one이라고 하는 경우도 많습니다. one은 서로 아는 물건이나 내용을 가리키거나 말할 때 사용하는 단어입니다.

 특급 대화

A: Which one would you like?
B: **That yellow one in the middle**.
A: Okay. How many do you want? One or two?
B: I'll take two.

  A: 어느 게 마음에 드세요?
  B: 저 가운데에 있는 노란 거요.
  A: 알겠습니다. 몇 개나 원하시죠? 한 개 아니면 두 개?
  B: 두 개 살게요.

특급훈련 1 — 다음을 따라 말하고, 해석해 보세요.

1. That one on top.
2. That one over there.
3. This one.
4. That yellow one in the middle.
5. Not this one. That one on the left.

특급훈련 2 — 힌트 단어를 예문에 넣어 영어로 말해 보세요.

1. 이거요. — 옆을 보지 말고, 외워서 말해 보세요.
2. 맨 아래에 있는 저거요. — on the bottom
3. 저쪽에 저거요. — 옆을 보지 말고, 외워서 말해 보세요.
4. 이거 말고요. 오른쪽에 있는 저거요. — Not this one. That one on the right.
5. 저기 가운데에 있는 파란 거요. — That blue one in the middle.

★ 아이쇼핑이 아니라 윈도우 쇼핑

둘러보는 목적의 쇼핑을 뜻하는 말인 '아이쇼핑'은 콩글리시예요. 영어로는 window shopping이라고 합니다.

난 아이쇼핑 했어.
→ I went window shopping.

이따가 아이쇼핑이나 하자.
→ Let's go window shopping later today.

I'd like to... ~하고 싶어요

I'd like to...는 I would like to...의 줄임말로 여행을 할 때 언제 어디서나 쓸 수 있는 만능 패턴입니다. I want to...와 의미는 같지만 더 정중한 표현입니다. I'd like to...는 [앗라익투]라고 발음하면 됩니다.

하나 더 구입하고 싶어요.
I'd like to buy one more.

이 검정색으로 사고 싶어요.
I'd like to buy this black one.

이걸로 대체해서 사고 싶어요.
I'd like to get this one instead.

이 모자 좀 써 보고 싶어요.
I'd like to try on this hat.

이것도 한번 입어 보고 싶어요.
I'd like to try this on, too.

 try on과 try ~ on
시착해 볼 물건이 특정한 것으로 구체적이면 try on this hat처럼 try on을 붙여 쓰고, this나 that처럼 추상적으로 이것, 저것을 가리킬 때는 try this on 이라고 합니다.

A: How do you like them?
B: I like them, but **I'd like to try on other sunglasses, too.**
A: Not a problem. How about these?
B: They look nice. Let me try them on.

A: 마음에 드시나요?
B: 마음에 들어요. 근데 다른 선글라스도 써보고 싶어요.
A: 그러시죠. 이건 어떠세요?
B: 괜찮아 보이네요. 한번 써볼게요.

특급훈련 1 — 다음을 따라 말하고, 해석해 보세요.

1. I'd like to try this on, too.
2. I'd like to buy one more.
3. I'd like to try on this hat.
4. I'd like to get this one instead.
5. I'd like to buy this black one.

특급훈련 2 — 힌트 단어를 예문에 넣어 영어로 말해 보세요.

1. 두 개 더 사고 싶어요. — buy two more
2. 저 보라색으로 사고 싶어요. — buy that purple one
3. 이걸로 대체해서 사고 싶어요. — 옆을 보지 말고, 외워서 말해 보세요.
4. 이 넥타이를 해 보고 싶어요. — try on this tie
5. 저것도 한번 입어 보고 싶어요. — try that on, too

★ 이 표현도 알아 두면 Great!

저 금방 갔다 올게요.
- I'll be quick.
- I'll be with you in a moment.
- It'll just be a minute.

오래 안 걸릴 거예요.
- It won't be long.
- This won't take long.

조금 더 시간이 필요해요.
- I need a few more minutes.

Can I try...? ~해 볼 수 있나요?

try는 음식을 먹어보거나 옷이나 신발을 착용해 본다는 의미를 가지고 있습니다. 뒤에 on을 붙여서도 많이 쓰는데, try나 try on 둘 다 '착용해 보다'라는 뜻입니다. 직설적으로 요구할 때는 I want to... 패턴을 쓰면 됩니다.

이거 입어 볼 수 있나요?
Can I try this?

이것들 입어 볼 수 있나요?
Can I try these?

이 물건들 착용해 볼 수 있나요?
Can I try these items?

저 스웨터 입어 볼 수 있나요?
Can I try that sweater?

저 운동화 좀 신어 볼 수 있나요?
Can I try those sneakers?

A: Can I try this?
B: Yes, you can.
A: How do I open this?
B: Just twist it open.   twist 비틀다; 일그러뜨리다

A: 이거 착용해 볼 수 있나요?
B: 네, 그럼요.
A: 이거 어떻게 여나요?
B: 그냥 돌려서 여시면 돼요.

특급훈련 1 — 다음을 따라 말하고, 해석해 보세요.

1 Can I try these?
2 Can I try those sneakers?
3 Can I try this?
4 Can I try that sweater?
5 Can I try these items?

특급훈련 2 — 힌트 단어를 예문에 넣어 영어로 말해 보세요.

1 이 목걸이 해 볼 수 있나요? 　　this necklace
2 이 반지 껴 볼 수 있나요? 　　this ring
3 이 장화 신어 볼 수 있나요?* 　　these rubber boots*
4 저 재킷 입어 볼 수 있나요? 　　that jacket
5 저 팔찌 차 볼 수 있을까요? 　　that bracelet

> ★ 양쪽이 한 쌍으로 이루는 것은 복수로!
>
> 신발이나 양말, 장갑, 귀걸이 등 양쪽이 한 쌍을 이루는 것을 가리킬 때 복수로 말합니다. 바지도 마찬가지로 복수로 나타냅니다. 참고로 예전에는 바지가 각각의 다리에 걸치도록 두 개로 나뉘어져 있었고, 입은 후 흘러내리지 않게 벨트로 허리에 묶었다고 합니다. 그러니 양쪽을 다 입어야만 한 벌의 바지가 됐던 것이죠.

It's a little... 조금 ~해요

입거나 착용한 제품에 관해 약간의 아쉬움을 표현하고 싶을 때는 일단 It's a little...로 말을 시작하면 됩니다. 참고로 a little 자리에 too를 넣으면 '너무 ~하다'라며 부정적 뜻을 표현하는 패턴이 됩니다.

조금 작네요.
It's a little small. small 작은

조금 크네요.
It's a little big. big 큰

조금 끼네요.
It's a little tight. tight 꽉 조이는; 딱 붙는

조금 헐렁하네요.
It's a little loose. loose 헐거운

너무 무겁네요.
It's too heavy. heavy 무거운

A: Can I try this on?
B: Sure. You can use this dressing room right here. How does it fit?
A: It's a little tight. Do you have this in a size large?
B: I believe we do. Let me check real quick.

> **A:** 이거 입어 봐도 되나요?
> **B:** 네. 여기 탈의실을 이용하시면 돼요. 잘 맞으시나요?
> **A:** 조금 끼네요. 이거 라지 사이즈 있나요?
> **B:** 있을 거예요. 얼른 가서 확인해 볼게요.

 **특급훈련 1** 다음을 따라 말하고, 해석해 보세요.

1   It's a little big.

2   It's a little loose.

3   It's a little small.

4   It's too heavy.

5   It's a little tight.

 특급훈련 2 힌트 단어를 예문에 넣어 영어로 말해 보세요.

1   조금 기네요. *long*

2   조금 간지럽네요. *itchy*

3   너무 끼네요. *too tight*

4   너무 헐렁하네요. *too loose*

5   조금 무겁네요. *a little heavy*

★ 맞고 안 맞고는 동사 fit이면 끝!

fit은 '잘 어울리다, 잘 맞다'라는 뜻을 가지고 있습니다. '일이 잘 풀리다'라는 의미의 work out도 fit 대신 쓸 수 있습니다.

잘 맞나요?
◎ How do they fit?

사이즈가 안 맞아요.
◎ It doesn't fit.

입어 보신 게 잘 맞았나요?
◎ How did they work out for you?

마음에 들었어요. 이것들 사려고 해요.
◎ I liked them. I'm taking these.

특급패턴 084

What if I...? 만약 제가 ~하면요?

What if I...? 패턴은 '만약에 제가 ~하면 어떻게 되나요?'라며 어떤 상황을 가정하는 말입니다. 쇼핑 중에 흥정할 때 쓰면 유용하겠죠?

만약에 제가 현금으로 내면요?
What if I pay cash? cash 현금

제가 하나 더 사면요?
What if I buy one more?

대신에 제가 이걸 사면요?
What if I get this instead? instead 대신에

혹시 제가 내일 다시 오면 어떻게 되죠?
What if I come back tomorrow? come back 돌아오다

제가 이 쿠폰을 사용한다면 어떻게 되죠?
What if I use this coupon?

특급 대화

A: How much is it?
B: It's 30 dollars.
A: **What If I buy one more?** Can I get a discount?
B: Yes, I can give them to you for 55 dollars.

　A: 그건 얼마인가요?
　B: 30달러요.
　A: 하나 더 사면요? 할인받을 수 있나요?
　B: 네, 그러면 55달러에 드릴게요.

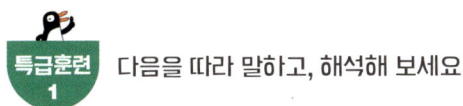 다음을 따라 말하고, 해석해 보세요.

1 What if I pay cash?
2 What if I use this coupon?
3 What if I come back tomorrow?
4 What if I get this instead?
5 What if I buy one more?

 힌트 단어를 예문에 넣어 영어로 말해 보세요.

1 만약에 제가 신용카드로 계산하면요?   pay with a credit card
2 제가 두 개 더 사면요?   buy two more
3 대신에 제가 이걸 사면요?   옆을 보지 말고, 외워서 말해 보세요.
4 혹시 제가 토요일에 다시 오면 어떨까요?   come back on Saturday
5 제가 이 상품권을 사용한다면 어떻게 되죠?   use this gift card

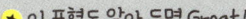 이 표현도 알아 두면 Great!

제가 한 쌍을 더 사면 어떻게 되죠?
What if I buy one more pair?

할인해서 얼마인가요?
What's the price after the discount?

특급패턴 085 I'll take... ~살게요

take는 buy처럼 '사다'라는 뜻을 갖고 있습니다. take 대신 get을 써도 됩니다. '물건을 사다'라고 할 때 buy, take, get 세 가지 모두 자주 씁니다.

하나 살게요.
I'll take one.

이거 살게요.
I'll take this.

이거 두 개 살게요.
I'll take two of these.

저것도 살게요.
I'll take that one, too.

이 빨간 거랑 저 파란 거 살게요.
I'll take this red one and that blue one.

특급 대화

A: How do you like it?
B: I love it. **I'll take this.** That one, too.
A: Okay. Anything else?
B: Nope. That's all.

    A: 어떻게, 마음에 드셨나요?
    B: 마음에 딱 들어요. 이걸로 할게요. 저것도요.
    A: 네, 다른 거 필요하신 건 없나요?
    B: 없어요. 그거면 돼요.

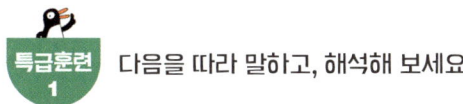 다음을 따라 말하고, 해석해 보세요.

1 I'll take two of these.
2 I'll take this red one and that blue one.
3 I'll take one.
4 I'll take this.
5 I'll take that one, too.

 힌트 단어를 예문에 넣어 영어로 말해 보세요.

1 열 개 살게요.　　　　　　　　　　　　　　　　　　　　　　　　　ten
2 이거 살게요.　　　　　　　　　　　　　　　옆을 보지 말고, 외워서 말해 보세요.
3 저거 다섯 개 살게요.　　　　　　　　　　　　　　　　　　　　five of that
4 이것도 살게요.　　　　　　　　　　　　　　　　　　　　　　　this one, too
5 이 노란 거랑 저 까만 거 살게요.　　　　　this yellow one and that black one

★ 이 표현도 알아 두면 Great!

이거 살게요.
◉ I'm taking this.

둘 다 살게요.
◉ I'll take both of them.

저한테 하나 더 주신 것 같아요.
◉ I think you gave me one more.

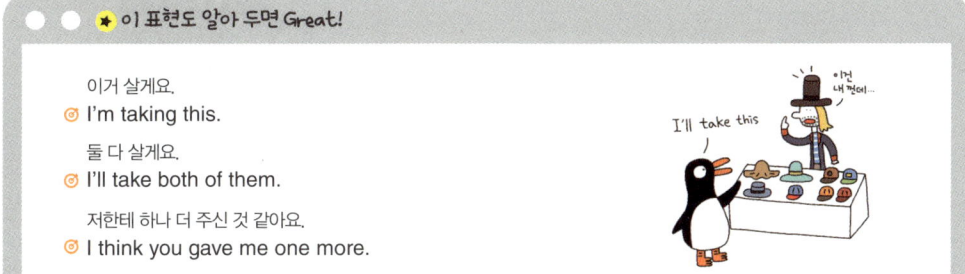

MORE
쇼핑할 때 꼭 쓰는 단어와 표현

쇼핑 아이템

장갑 **gloves**
벙어리장갑 **mittens**
반지 **ring**
귀걸이 **earrings**
목걸이 **necklace**
팔찌 **bracelet**
발찌 **anklet**
큰 손가방, 토트백 **tote**
여성용 지갑, 핸드백 **purse**
작은 주머니, 파우치 **pouch**
배낭, 백팩 **backpack**
남성용 지갑 **wallet**
반팔 **short sleeves**
긴팔 **long sleeves**
허리띠, 벨트 **belt**
울이나 면으로 만든 스웨터 **pullover**
재킷 **jacket**
셔츠 **shirt**
티셔츠 **T-shirt**
치마, 스커트 **skirt**
속옷 **underwear**
남성용 사각 팬티 **boxers**
남성용 삼각 팬티 **briefs**
여성용 팬티 **panties**
목이 긴 스웨터, 터틀넥 **polo [turtleneck]**
라운드 넥 **crew neck**
브이넥 **V-neck**
양말 **socks**
스카프 **scarf**
신발 깔창 **insoles**
애완동물 장난감 **pet toys**

쇼핑 용어

최저가 보장 **price match**
가격 조정 **price adjustment**
가격을 조정하다 **adjust the price**
지폐 **bill**
금액이 큰 지폐 **large bill**
거스름돈, 잔돈 **change**
현금 **cash**
선물용 영수증 **gift receipt**
가격표 **price tag**
할인된 가격 **reduced price**
카드를 읽다; 스캔하다 **scan**
카드를 긁다 **swipe**
가장 저렴한 **cheapest**
재고 **stock**
전시; 전시하다 **display**
교환하다 **exchange**
반환하다 **return**
환불하다 **refund**
아이들이 다룰 수 없게 만든 **childproof**
교환·환불 불가 **no exchanges or refunds**
리퍼브 제품(재공급품) **refurbished product**

옷이 너무 작아요.

상품 문의

이거 다른 사이즈도 있나요?
Do you have this in a different size?

이 재킷 작은 사이즈 있나요?
Do you have this jacket in a smaller size?

전 더 큰 사이즈가 필요해요.
I need a bigger size.

이 모자 검정색도 있나요?
Does this hat come in black?

이거 빨간색 있나요?
Do you have this in red?

이거 남성용도 있나요?
Do you have this for men as well?

어떤 게 더 나은 것 같아요?
What do you think is better?

이거 6사이즈로 주실래요?
Can I get this in a size 6?

가격 문의

총 얼마인가요?
What's the total?

둘 사이에 가격 차이가 있나요?
Is there a difference in price between the two?

이 벨트들의 가격이 다 같나요?
Are these belts all the same price?

이 셔츠에 가격표가 안 붙어 있어요.
This shirt doesn't have a price tag.

가격표가 없네요.
There's no price tag.

좀 깎아 주실 수 있나요?
Can you give me a little discount?

세일이 언제 끝나나요?
When does the sale end?

계산

미국달러로 계산해도 되나요?
Can I pay with US dollars?

이거 20% 할인 적용 안 해주신 거 같아요.
You didn't take 20% off this item.

잘못 거슬러주신 거 같아요.
I think you gave me the wrong change.

이 신용카드로는 결제가 안 되네요.
Your credit card has been declined.

다른 카드 있으세요?
Do you have another credit card?

이중결제 하신 것 같아요.
I think you charged me twice.

199달러이고 세금은 포함되어 있지 않습니다.
It's 199 dollars before tax.

교환·환불

이거 어제 샀는데 작동이 안 되네요.
I bought this yesterday, but it's not working.

이거 어디에 반납해야 하나요?
Where should I return this?

영수증을 잃어버렸는데요. 그래도 환불이 되나요?
I lost my receipt. Can I still get a refund?

환불하시겠어요 아니면 다른 걸로 바꾸시겠어요?
Would you like to get a refund or exchange it for something else?

08 SPECIAL STORY

계란

취향따라 골라 먹는 계란 요리

식당에 따라서 계란 요리를 여러 조리법 중에 선택해서 먹을 수가 있습니다. 고기처럼 익히는 정도가 다른 경우도 있고, 아예 요리의 형태가 다른 경우도 있습니다.

계란은 어떻게 하시겠어요?
How do you want your eggs?

VOCA	
완숙 삶은 계란 **hard boiled**	**soft-boiled** 반숙 삶은 계란
완숙 스크램블 **hard scrambled**	**soft scrambled** 반숙 스크램블
한쪽 흰자만 익힌 계란 후라이 **sunny side up**	**over easy** 양쪽을 살짝만 익힌 계란 후라이
양쪽을 반숙한 계란 후라이 **over medium**	**over hard** 양쪽을 바짝 익힌 계란 후라이
수란 **poached**	

 **SPECIAL STORY**

쇼핑

물건을 계산할 때 돈을 인출한다고?

현금 인출을 하시겠어요?
Would you like cash back?

미국에서는 계산할 때 카드의 종류를 물어보는 경우가 종종 있습니다. **debit card**는 체크카드이고, **credit card**는 일반 신용카드입니다. 체크카드를 쓸 경우 **PIN number**(비밀번호)를 넣으라고 할 수도 있습니다. 또 **cash back**(현금 인출)을 원하는지 물어보기도 하는데, 한국에서 쓰는 캐쉬백이라는 단어와는 뜻이 다르니 주의해야 합니다.

cash back은 계산대에서 현금을 인출해 주는 서비스로, 보통 수수료 없이 10달러에서 100달러까지 인출해 주는 것을 말합니다. 현금이 필요 없다면 그냥 **No thanks**.라고 하면 됩니다. 저도 처음 이 질문을 받았을 때 포인트 적립한 것을 현금으로 준다는 말로 알아듣고 **Yes**.라고 답했더니 **How much?**라고 다시 질문을 받아서 당황했던 기억이 있습니다.

86 I'm... 난 ~야
87 I'm not... 난 ~가 아니야
88 Are you from...? 넌 ~에서 왔어?
89 I mean, ... 아, 그러니까...

90 How's the weather...? ~ 날씨는 어때요?
91 How do I...? 어떻게 ~하나요?
92 I'll... 제가 ~할게요
93 Give me... ~주세요

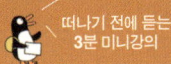
떠나기 전에 듣는
3분 미니강의

PART 8
대화
여행영어 특급패턴101

특급패턴 086   I'm... 난 ~야

영어로 이름을 말할 때 last name(성)과 first name(이름)을 헷갈리는 경우가 많습니다. 영어로는 '이름-성' 순서이니 last name은 단어 그대로 마지막에 오니까 성이고, first name은 앞에 오니까 이름이라고 기억해 두세요.

난 제니 김이야.
I'm Jenny Kim.

난 수연이야.
I'm Suyun.

난 한국에서 왔어.
I'm from Korea.   be from ~에서 오다

난 한국에 있는 서울에서 왔어.
I'm from Seoul, Korea.

나도 인천에서 왔어.
I'm also from Incheon.   also 또한, ~도

Talk

🟠 영어 이름도 OK
여행은 영어 이름을 자연스럽게 써볼 수 있는 절호의 기회입니다. 영어 이름이 있다면 외국인 친구에게 영어 이름을 소개해 보세요.

A: Hi, it's good to meet you. **I'm Jenny Kim.**
B: It's good to meet you, too. You're from Korea, right?
    Where in Korea are you from?
A: You guessed it. I'm from Seoul. What about you?   guess 추측하다
B: I'm from New York.

    A: 안녕. 만나서 반가워. 난 제니 김이야.
    B: 나도 만나서 반가워. 너 한국에서 왔지? 한국 어디에서 왔어?
    A: 용케 알았네. 난 서울에서 왔어. 너는?
    B: 난 뉴욕에서 왔어.

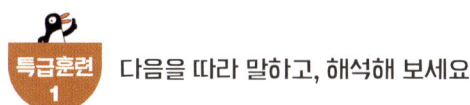 다음을 따라 말하고, 해석해 보세요.

1 I'm from Seoul, Korea.

2 I'm Jenny Kim.

3 I'm Suyun.

4 I'm also from Incheon.

5 I'm from Korea.

 힌트 단어를 예문에 넣어 영어로 말해 보세요.

1 난 캐롤이야. Carol

2 난 임진영이야. Jinyoung Im

3 난 싱가포르에서 왔어. from Singapore

4 난 중국에 있는 베이징에서 왔어. from Beijing, China

5 나도 스웨덴에서 왔어. also from Sweden

★ 직역하면 어색해지는 인사말

Hey.는 사람을 부르는 말이기도 하지만,
가볍게 '안녕'이라고 인사하는 표현이기도 합니다.
상황에 따라 '별일 없지?', '왔어?' 정도로 자연스럽게 해석해도 됩니다.

안녕.
◎ Hey.

오늘 어때요? [잘 지내시죠?]
◎ How're you doing today?
   How're you doing so far?

233

특급패턴 087 I'm not... 난 ~가 아니야

상대가 나에 관해 잘못 알고 있다면 바로 잡아야겠죠. 패턴 뒤에 명사가 오면 '난 ~가 아니야'라는 뜻이고, 형용사가 오면 '난 ~하지 않아'라는 뜻입니다. I'm not...은 I'm...의 부정형이고 일행이 있을 때는 We're not...이라고 하면 됩니다.

난 중국 사람이 아니야.
I'm not from China. China 중국

난 그렇게 어리지 않아.
I'm not that young. that 그렇게, 그만큼 young 어린, 젊은

난 아직 못 했어.
I'm not done yet. done 다 끝난

저 몸 상태가 안 좋아요.
I'm not feeling well. feel well 몸의 건강 상태가 좋다

저 이건 반품 안 할 거예요.
I'm not returning this. return 반품하다, 반납하다

🔵 끝, 완료 done
I'm not done yet.은 어떤 일이든 아직 다 끝내지 못했다는 뜻이에요. 상황에 따라 '다 못 먹었다', '일을 다 못 끝냈다'나 '하던 얘기를 다 못 끝냈다'라는 의미가 될 수도 있습니다.

A: Do you mind if I ask how old you are?
B: I can't tell you my real age. I'm really old.
A: You're kidding me, right? You look like you're in your 30s.
B: I wish I were. Unfortunately, **I'm not that young.** unfortunately 유감스럽지만

A: 괜찮다면 나이를 물어봐도 될까요?
B: 제 실제 나이를 말할 순 없어요. 나이가 진짜 많거든요.
A: 농담하시는 거죠? 30대로 보이시는데요.
B: 그랬으면 좋겠네요. 아쉽지만 그렇게 어리진 않아요.

 **특급훈련 1** 다음을 따라 말하고, 해석해 보세요.

1　I'm not done yet.
2　I'm not that young.
3　I'm not returning this.
4　I'm not from China.
5　I'm not feeling well.

 **특급훈련 2** 힌트 단어를 예문에 넣어 영어로 말해 보세요.

1　난 일본 사람이 아니야.　　　　　　　　　　　　　　　　from Japan
2　난 그렇게 나이가 많지 않아.　　　　　　　　　　　　　　that old
3　난 아직 못 했어.　　　　　　　　　　　　　옆을 보지 말고, 외워서 말해 보세요.
4　저 몸 상태가 안 좋아요.　　　　　　　　　　옆을 보지 말고, 외워서 말해 보세요.
5　저 이건 반품 안 할 거예요.　　　　　　　　　옆을 보지 말고, 외워서 말해 보세요.

★ 술 구입과 나이 제한

미국에서는 마트의 주류 코너에서 술을 살 수 있지만, 주류만 파는 작은 가게나 주유소의 마트에서도 술을 살 수 있습니다. 술을 구매할 때 나이나 신분 확인을 위해 여권 등의 신분증을 요구할 수도 있습니다. 참고로 술은 보통 저녁 6~8시 사이에만 판매합니다.

6개들이 맥주
◎ six-pack (of beer)

주류 판매점
◎ liquor store

특급패턴 088

Are you from...? 넌 ~에서 왔어?

from은 '~에서부터'라는 말로, 이 패턴은 처음 만난 사람에게 어느 나라 사람인지를 물을 때 씁니다. 국적뿐 아니라 어느 동네, 어느 도시에서 왔는지 물어볼 때도 쓸 수 있습니다.

너 미국에서 왔어?
Are you from the US?

너 방콕에서 왔어?
Are you from Bangkok?

너 이 주변에 살아?
Are you from around here?   around 주위에

한국 사람이에요?
Are you from Korea?

너희들 모두 캐나다에서 왔어?
Are you all **from** Canada?

A: Are you from around here?
B: I am. Why?
A: I want to ask you for directions.   directions 길 안내
B: I can help you with that.
　　Where're you trying to go?

　　A: 너 이 동네 사람이야?
　　B: 응. 왜?
　　A: 길 좀 묻고 싶어서.
　　B: 내가 도와줄게. 어디 가고 싶은데?

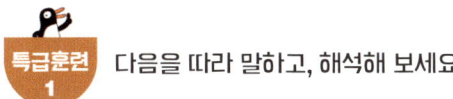 다음을 따라 말하고, 해석해 보세요.

1 Are you all from Canada?

2 Are you from around here?

3 Are you from the US?

4 Are you from Bangkok?

5 Are you from Korea?

 힌트 단어를 예문에 넣어 영어로 말해 보세요.

1 너 멕시코에서 왔어?   Mexico

2 너 중국에서 왔어?   China

3 너 이 주변에 살아?   옆을 보지 말고, 외워서 말해 보세요.

4 넌 도시 외곽에 살아?   out of town

5 너희들 모두 이탈리아에서 왔어?   all from Italy

★ 알아 두면 좋은 스몰토크 표현

낯선 사람끼리 나누는 사교적인 수다, 잡담을 '스몰토크(small talk)'라고 합니다. 주로 날씨와 같이 일상적인 내용을 묻고 답한다고 생각하면 됩니다.

거긴 날씨가 어때요?
◎ What's the weather like over there?

전 스페인에서 살았어요.
◎ I used to live in Spain.

좋은 하루 보내세요.
◎ Have a good one.
　 Have a good day.

특급패턴 089 I mean, ... 아, 그러니까...

의도하지 않는 말을 실수로 한 적 있으시죠? No라고 말했지만 사실은 yes라고 대답해야 하는 경우도 많고요. 그럴 때는 I mean, ... 패턴으로 앞서 말한 것을 정정하면 됩니다. I mean은 '제 말은'이나 '아, 그러니까', '그게 아니라' 정도로 문맥이나 상황에 맞게 해석하면 됩니다. I mean 뒤에 나오는 것이 원래 말하고자 했던 말이니 앞뒤 상황을 상상하며 예문을 외워 봅시다.

아, 그러니까 맞다는 말이에요.
I mean, yes.

아니, 두 개요.
I mean, two.

아, 세 명이요.
I mean, for three people.

아, 다른 거요.
I mean, the other one.

아니, 여기서요.
I mean, for here.

A: Is that for here or to go?
B: To go. **I mean, for here.**
A: Okay.

A: 여기서 드시겠어요, 아님 포장하실 건가요?
B: 포장이요. 아니, 여기서 먹을게요.
A: 네.

특급훈련 1 다음을 따라 말하고, 해석해 보세요.

1 I mean, the other one.
2 I mean, for here.
3 I mean, yes.
4 I mean, for three people.
5 I mean, two.

특급훈련 2 힌트 단어를 예문에 넣어 영어로 말해 보세요.

1 아, 그러니까 다음 상영으로요. the next showing
2 아니, 다음 버스요. the next bus
3 아니, 두 명이요. for two people
4 아, 다음 비행기 말이에요. the next flight
5 아니, 싸갈 거예요. the to go

★ 수영은 즐거워!

푸르른 바다부터 호텔의 편안한 수영장까지, 여행지에서는 수영할 기회가 많습니다.
물에서 하는 레저 스포츠도 많고요. 물에 들어가기 전에 가벼운 준비 운동을 하는 것 잊지 마세요.

구명조끼 　　　　잠수, 스노클링 　　　　준비 운동
◉ life jacket [life vest]　　◉ snorkeling　　◉ warm-up (exercise)

특급패턴 090

How's the weather...?
~ 날씨는 어때요?

낯선 사람과 나눌 수 있는 가장 무난한 대화 주제는 바로 날씨입니다. 상대방이 사는 지역의 날씨를 물어보며 자연스럽게 이야기를 시작해 보세요. 특정 지역의 날씨를 알고 싶다면 How's the weather...? 패턴 뒤에 'in+지명'을 붙이면 됩니다.

지금 날씨는 어때요?
How's the weather right now?   right now 지금

내일 날씨는 어때요?
How's the weather tomorrow?

금요일 날씨는 어때요?
How's the weather on Friday?

거기 날씨는 어때요?
How's the weather there?

5월 뉴욕 날씨는 어때요?
How's the weather in New York in May?

섭씨와 화씨
한국은 섭씨를 기준으로 온도를 측정합니다. 화씨를 섭씨로 바꾸는 공식은 화씨 온도에서 32를 뺀 후 이를 1.8로 나누는 것입니다. 만약 화씨 86도라고 하면 (86°F-32)/1.8=30°C 즉, 섭씨로는 30도가 되는 것이죠.

특급대화

A: **How's the weather right now?**
B: It finally stopped raining.
A: I guess I don't need this umbrella then.
   Can you hang onto this until I come back?   hang onto 유지하다
B: No problem.

A: 지금 날씨는 어때요?
B: 드디어 비가 그쳤어요.
A: 그러면 이 우산은 필요 없을 것 같네요. 제가 돌아올 때까지 이것 좀 맡아 주시겠어요?
B: 그러죠.

 **특급훈련 1** 다음을 따라 말하고, 해석해 보세요.

1 How's the weather on Friday?

2 How's the weather right now?

3 How's the weather tomorrow?

4 How's the weather in New York in May?

5 How's the weather there?

 **특급훈련 2** 힌트 단어를 예문에 넣어 영어로 말해 보세요.

1 오늘 밤 날씨는 어때요? — tonight

2 모레 날씨는 어때요? — the day after tomorrow

3 토요일 날씨는 어때요? — on Saturday

4 여기 날씨는 어때요? — here

5 7월 호주 날씨는 어때요? — in Australia in July

★ 이 표현도 알아 두면 Great!

거기 아직 춥나요?
◉ Is it still cold there?

날씨가 개는 것 같네요.
◉ It looks like it's clearing up.

로마는 보통 이렇게 추워요?
◉ Is it usually this cold in Rome?

241

How do I...? 어떻게 ~하나요?

각국에서 모인 여행자끼리 잘 모르는 것을 물어보고 알려 주기도 하며 여행의 즐거움을 나눠 보세요. How do I...?에서 I 대신 you를 넣어도 같은 의미로 쓸 수 있습니다. 이 상황에서 I나 you는 따로 해석할 필요가 없는 '일반적인 사람'을 가리키는 단어로 보기 때문입니다.

한국어로 '안녕'은 어떻게 말하나요?
How do I say "hi" in Korean? say 말하다

이 쿠폰은 어떻게 사용하나요?
How do I use this coupon?

이 문은 어떻게 여나요?
How do I open this door? open 열다

이건 어떻게 잠그나요?
How do I lock this? lock 잠그다

에어컨은 어떻게 켜나요?
How do I turn on the AC? turn on 켜다

A: How do I say "hi" in Korean?
B: It's "annyeong."
A: Annyeong. Did I pronounce it right? pronounce 발음하다
B: Yep.

A: 한국어로 '안녕'은 어떻게 말하나요?
B: '안녕'이라고 해요.
A: 안녕. 제가 제대로 발음했나요?
B: 네.

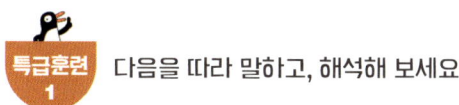 다음을 따라 말하고, 해석해 보세요.

1 How do I open this door?
2 How do I say "hi" in Korean?
3 How do I turn on the AC?
4 How do I use this coupon?
5 How do I lock this?

 힌트 단어를 예문에 넣어 영어로 말해 보세요.

1 한국어로 '잘 가'는 어떻게 말하나요?   say "bye" in Korean

2 이 커피 머신은 어떻게 사용하나요?   use this coffee maker

3 이 사물함은 어떻게 여나요?   open this locker

4 이건 어떻게 잠그나요?   옆을 보지 말고, 외워서 말해 보세요.

5 오디오 가이드는 어떻게 켜나요?   turn on the audio guide

★ 외국 이름은 어려워

영어 이름을 비롯해 외국인의 이름을 제대로 발음하는 건 꽤 어려운 일입니다.
그러니 '발음하다'라는 단어 pronounce [프러나운스] 활용해서 정확한 발음을 확인해 둡시다.

네 이름을 어떻게 발음한다고 했지?   내가 네 이름을 제대로 발음했니?
◎ How do you pronounce your name again?   ◎ Did I pronounce your name right?

특급패턴 092 I'll... 제가 ~할게요

I'll은 I will이 축약된 형태로, will 대신 be going to라고 해도 됩니다. 하지만 즉흥적으로 어떤 일을 하겠다고 할 때는 주로 will을 쓰는 편입니다.

저 금방 올게요.
I'll be right back.   be back 돌아오다

제가 5분 후에 전화할게요.
I'll call you in five minutes.*   in (시간) ~후에

제가 거기로 금방 갈게요.
I'll be right there.   will be ~에 있을 것이다

저 얼른 화장실 좀 다녀올게요.
I'll use the restroom real quick.   real quick 아주 빨리

제 물건을 가지고 올게요.
I'll go bring my things.   thing 사물, 물건

A: Can I see your ID?   ID 신분증(identity 또는 identification의 줄임말)
B: Where is it? I thought I put it in my wallet. Sorry.   put 놓다; 넣다
A: It's okay. Take your time.
B: Oh, it must be in the bag my wife is holding. **I'll be right back.**   hold 들고 있다

    A: 당신의 신분증 좀 볼 수 있을까요?
    B: 어디 있더라? 지갑에 넣어놨다고 생각했는데. 죄송해요.
    A: 괜찮아요. 천천히 하세요.
    B: 아, 제 아내가 들고 있는 가방에 있을 거예요. 금방 올게요.

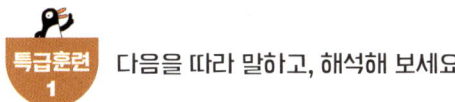
다음을 따라 말하고, 해석해 보세요.

1 I'll use the restroom real quick.
2 I'll be right back.
3 I'll call you in five minutes.
4 I'll be right there.
5 I'll go bring my things.

힌트 단어를 예문에 넣어 영어로 말해 보세요.

1 저 금방 올게요. — 옆을 보지 말고, 외워서 말해 보세요.
2 제가 30분 후에 전화할게요. — call you in 30 minutes
3 제가 거기로 금방 갈게요. — 옆을 보지 말고, 외워서 말해 보세요.
4 저 얼른 흡연실 좀 다녀올게요. — go to the smoking lounge real quick
5 제 가방을 가지고 올게요. — go bring my bag

⭐ in과 later, 뭐가 다를까?

'(지금부터) 30분 후에'라는 말은 영어로 30 minutes later라고 생각하기 쉽지만 실제로는 in 30 minutes라고 해야 자연스러워요. in은 '지금부터 얼마 후'라는 뜻이고, later는 문장에서 제시된 시간부터 얼마 후인지를 뜻합니다. 또 특정 시간을 말하지 않고, 추상적으로 '나중에'라고 말할 때에는 later를 씁니다.

(지금부터) 2시간 후에 보자.
◎ I'll see you in two hours.

나중에 보자.
◎ I'll see you later.

집에 11시에 와서 10분 후에 잤어.
◎ I got home at 11, and I went to bed 10 minutes later.

특급패턴 093

Give me... ~주세요

잠시 생각할 시간이 필요하거나 결정하기 전 일행과 상의하고 싶을 때 Give me... 패턴으로 상대에게 양해를 구하는 말을 할 수 있습니다. 문장 맨 뒤에 please를 넣으면 더 공손한 느낌을 줍니다.

잠시만요.
Give me a moment. moment 잠깐

시간을 조금 더 주세요.
Give me some more time.

생각할 시간을 좀 더 주세요.
Give me more time to think. time to ~할 시간

제 친구들을 데려오게 시간을 조금만 주세요.
Give me a second so I can bring my friends. second 잠깐

제가 앉을 수 있게 자리를 좀 내주세요.
Give me some room so I can sit. room 자리, 공간

A: Have you decided what you want to buy? decide 결정하다
B: Not yet. **Give me a moment.**
A: Not a problem. There's no rush.
　　 You can take all the time you need. rush 바쁘게 서두르는 상황
B: Thanks.

　　A: 뭘 살지 결정하셨나요?
　　B: 아직 못 했어요. 잠시만요.
　　A: 그러죠. 서두르지 마세요. 필요하신 만큼 시간을 가지셔도 됩니다.
　　B: 감사합니다.

특급훈련 1 다음을 따라 말하고, 해석해 보세요.

1 Give me a second so I can bring my friends.
2 Give me a moment.
3 Give me more time to think.
4 Give me some room so I can sit.
5 Give me some more time.

특급훈련 2 힌트 단어를 예문에 넣어 영어로 말해 보세요.

1 잠시만요. 옆을 보지 말고, 외워서 말해 보세요.
2 시간을 조금 더 주세요. 옆을 보지 말고, 외워서 말해 보세요.
3 생각할 시간을 좀 더 주세요. 옆을 보지 말고, 외워서 말해 보세요.
4 제 가족을 데려오게 시간을 조금만 주세요. a second so I can bring my family
5 제가 서 있을 수 있게 자리를 좀 내주세요. some room so I can stand

★ 전 영어를 못해요

한국인에게는 영어가 모국어가 아니니 영어를 못하는 게 당연합니다. 영어를 못한다고 말하면 상대방도 더 천천히 설명해 줄 거예요.

제가 영어를 잘 못해서요.
ⓒ I can't speak English well.

천천히 말씀해 주세요.
ⓒ Please slow down.
　Please speak slowly.

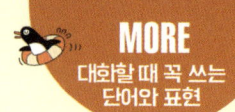

MORE
대화할 때 꼭 쓰는 단어와 표현

일기예보

날씨 weather
일기예보 weather forecast
기온, 온도 temperature
(온도 단위를 나타내는) 도 degree
체감기온 wind chill [wind chill factor]
영하 below zero
섭씨 Celsius
화씨 Fahrenheit

날씨 표현

건조한 dry
습한 humid
따뜻한 warm
후덥지근한 muggy
온화한 mild
안개 낀 foggy
구름 낀 cloudy
흐린 ovecast
눈보라 blizzard
폭설 snow storm
우박 hail
시원한 cool
쌀쌀한 chilly
맑은 clear
바람이 부는 windy
비가 오다 rain
눈이 오다 snow
추운 cold
무척 추운 freezing
더운 hot
타는 듯이 더운 scorching hot
끈적거리는 sticky

I'm JD
I'm Jaebeom

사교

어느 나라에서 오셨는지 물어봐도 될까요?
Can I ask where you are from?

실은, 저 여기 사람이에요.
I'm actually from here.

한국에서 태어났지만 지금은 캐나다에서 살아요.
I'm originally from Korea, but I live in Canada now.

당신도 이탈리아에서 오셨나요?
Are you also from Italy?

여러분은 프랑스에서 오셨나요?
Are you guys from France?

두 분도 미국에서 오셨나요?
Are you two from the US, too?

두 분 모두 토론토에서 오셨나요?
Are you both from Toronto?

여긴 처음이신가요?
Is this your first time here?

전 처음이에요.
It's my first time.

여기는 지금까지 어떤 거 같아요?
How do you like it here so far?

지금까지 여행은 어때요?
How do you like your trip so far?
How's your trip (going) so far?

지금까지 휴가는 어때요?
How's your vacation (going) so far?

오해 풀기

제 말은 그게 아니에요.
That's not what I meant.

말이 잘못 나왔네요.
It came out wrong.

오해가 있었어요.
There has been a misunderstanding.

실수가 있었어요.
There has been a mistake.

죄송합니다. 제 실수에요.
Sorry. My mistake.

번거롭게 해서 다시 한 번 죄송합니다.
Sorry to bother you again.

설명 듣기

죄송한데 이해를 못하겠어요.
Sorry. I don't understand.

다시 한 번 말씀해 주세요.
Please say it one more time.
Can you say it one more time?

다시 설명해 주세요.
Please explain it again.
Can you explain it again?

이건 무슨 의미인가요?
What does this mean?

여기 한국어 가능한 직원이 있나요?
Does anyone speak Korean here?

술집

여행지에서 시원한 맥주 한 잔!

rock은 '돌멩이'라는 뜻인데, 동그랗게 돌처럼 깎아서 만든 얼음을 넣어 마시는 술을 **on the rocks**(온더락)이라고 말합니다. 반대로 술에 아무 것도 넣지 않은 상태는 **straight up**이라고 합니다. 술집에서 쓸 수 있는 영어 표현도 함께 알아 두세요.

저희 술 한 잔씩 더 주실래요?
Can we have another round?

얼음 넣지 말고 드릴까요?
Straight up?

(술잔에) 얼음 넣어드릴까요?
On the rocks?

건배!
Cheers!

원샷!
Drink up!
Bottoms up!

나 취했어.
I'm drunk.

난 안 취했어.
I'm still sober.

bar와 pub의 차이

술집은 영어로 bar나 pub이라고 합니다. bar는 주로 칵테일이나 위스키, 맥주, 와인과 같은 주류를 메인으로 파는 술집이고, pub은 주류는 물론 다양한 음식을 함께 파는 술집 겸 식당이라고 할 수 있습니다. pub이 좀 더 일상적으로 들릴 수 있는 곳이에요. 그렇기 때문에 pub에는 칵테일이나 위스키와 같이 여러 종류의 술이 구비되어 있지 않은 경우가 많습니다.

이 술 독하지 않네.
This isn't too strong.

이 술 독하네.
This is hard liquor.

생맥주 어떤 거 있나요?
What beer do you have on tap?

맛이 가벼운 생맥주 있나요?
Do you have anything light on tap?

위스키 얼음 넣고 한 잔 주세요.
I'll have a whiskey on the rocks.

on the rocks

94 I have 병명 ~가 아파요
95 I feel... 몸 상태가 ~해요
96 I can't... 전 ~할 수가 없어요
97 Do you have something for...? ~한 것 있나요?

98 Do I take this...? 이건 ~복용하나요?
99 What do you mean...? ~가 무슨 말이에요?
100 Why is...? 왜 ~한가요?
101 I lost my... 제 ~를 잃어버렸어요

떠나기 전에 듣는
3분 미니강의

PART 9
위급
상황

특급패턴 094

I have 병명 ~가 아파요

여행지에서 갑작스럽게 아프면 당황스럽죠. 그러니 약국이나 병원, 호텔 직원에게 자신의 증상을 설명하는 패턴 한 개 정도는 꼭 알아야 합니다. have는 '~병[증상]이 있다'라는 뜻으로 해석하세요. have 대신 have got을 넣어 I've got...이라고 말해도 됩니다.

머리가 아파요.
I have a headache.   headache 두통

감기에 걸렸어요.
I have a cold.   cold 감기

배탈이 났어요.
I have an upset stomach.   upset stomach 배탈

설사를 해요.
I have diarrhea.   diarrhea 설사

목이 아파요.
I have a sore throat.   sore throat 인후염

특급 대화

A: I think I'm coming down with something.   come down with something 대수롭지 않은 병에 걸리다
B: What're your symptoms?   symptom 증상
A: I'm running a slight fever, and **I have a sore throat.**   run a fever 열이 나다 slight 가벼운
B: It sounds like you have a cold.

　A: 몸이 좀 안 좋은 것 같아요.
　B: 증상이 어떤가요?
　A: 미열이 있고 목이 아파요.
　B: 감기 걸리신 것 같네요.

특급훈련 1 다음을 따라 말하고, 해석해 보세요.

1 I have a cold.

2 I have an upset stomach.

3 I have a headache.

4 I have a sore throat.

5 I have diarrhea.

특급훈련 2 힌트 단어를 예문에 넣어 영어로 말해 보세요.

1 이가 아파요. a toothache

2 독감에 걸렸어요. the flu

3 편두통이 있어요. a migraine

4 다리에 쥐가 났어요. leg cramps

5 근육통이 있어요. a muscle ache

★ 여행지에서 과음은 금물!

즐겁게 술을 마시는 건 좋지만 과음하면 다음날 숙취를 얻게 됩니다.
이럴 때는 남은 일정을 위해 숙취 해소 약을 먹는 것도 방법입니다.

숙취가 있어요.
◎ I'm hungover.
   I have a hangover.

특급패턴 095

I feel... 몸 상태가 ~해요

컨디션을 설명할 때 동사 feel을 씁니다. 자신의 몸이 어떤 상태를 '느끼고' 있기 때문이죠. I'm feeling…이라고 해도 됩니다.

속이 메스꺼워요.
I feel nauseous. nauseous 메스꺼운

속이 더부룩해요.
I feel bloated. bloated 부은

몸이 안 좋아요.
I feel sick. sick 아픈

토할 거 같아요.
I feel sick to my stomach.* stomach 위, 복부

뱃속이 화끈거리는 느낌이 들어요.
I feel a burning sensation in my stomach. burning sensation 불타는 느낌

특급대화

A: How may I help you today?
B: **I feel bloated.** I need something for that.
A: Okay. Here you go. This will do.
B: Thanks.

> A: 어떻게 도와드릴까요?
> B: 속이 더부룩해서요. 이런 증상에 먹는 약이 필요해요.
> A: 알겠습니다. 여기 있습니다. 이게 효과가 있을 거예요.
> B: 감사합니다.

🔴 **속이 메슥거려**
속이 메스껍고 토할 것 같은 느낌은 영어로 feel sick to one's stomach라고 합니다. 비슷한 표현으로 feel like throwing up이나 feel like puking도 있습니다.

특급훈련 1 — 다음을 따라 말하고, 해석해 보세요.

1. I feel sick to my stomach.
2. I feel bloated.
3. I feel nauseous.
4. I feel a burning sensation in my stomach.
5. I feel sick.

특급훈련 2 — 힌트 단어를 예문에 넣어 영어로 말해 보세요.

1. 차멀미가 나요.   carsick
2. 향수병을 느껴요.   homesick
3. 몸이 안 좋아요.   옆을 보지 말고, 외워서 말해 보세요.
4. 컨디션이 너무 안 좋아요.   terrible
5. 어지러워요.   dizzy

★ 몸 상태가 안 좋아요!

계속 몸 상태가 안 좋아요.
◎ I haven't been feeling well.

하루 종일 토하고 있어요.
◎ I have been throwing up all day.

요기가 아파요

특급패턴 096

I can't... 전 ~할 수가 없어요

I can't... 다음에는 항상 동사원형이 옵니다. can't를 발음할 때 끝의 [t]소리는 거의 내지 않습니다. can't 발음을 제대로 하는 게 은근히 어렵기 때문에 그냥 cannot이라고 풀어서 말해도 됩니다.

전 밥을 못 먹겠어요.
I can't eat.

전 숨을 못 쉬겠어요.
I can't breathe.   breathe 호흡하다

전 못 걷겠어요.
I can't walk.

전 말을 못 하겠어요.
I can't talk.

전 잠을 못 자겠어요.
I can't sleep.

 특급대화

A: Excuse me.
B: Hi, did you need anything?
A: I can't sleep. It's too loud outside.
B: Oh, I'm sorry. I'll go talk to them.

  A: 저기요.
  B: 네, 뭐 필요한 거 있으세요?
  A: 잠을 못 자겠어요. 밖이 너무 시끄러워서요.
  B: 아, 죄송합니다. 저분들한테 가서 말씀드릴게요.

 다음을 따라 말하고, 해석해 보세요.

1 I can't breathe.
2 I can't sleep.
3 I can't eat.
4 I can't walk.
5 I can't talk.

 힌트 단어를 예문에 넣어 영어로 말해 보세요.

1 전 자전거를 못 타겠어요.   ride a bike
2 전 이해를 못 하겠어요.   understand
3 전 그것을 못 꺼내겠어요.   take it out
4 전 이 병을 못 열겠어요.   open this jar
5 전 못 올라가겠어요.   go up

★ 무리하면 안 돼요!

여행지에서 평소에 하지 못했던 새로운 경험을 하는 것도 좋지만 반드시 자신의 건강 상태 등을 고려해서 참여해야만 합니다. 특히 익스트림 스포츠를 체험할 때 타박상을 입지 않도록 주의하세요.

가슴에 통증이 있어요.
- I have chest pain.

손목을 삐끗한 것 같아요.
- I think I sprained my wrist.

허리가 너무 아파요.
- My back is killing me.

특급패턴 097

Do you have something for...?

~한 것 있나요?

Do you have something for...? 패턴에서 something for는 정확히 어떤 약을 사야 할지 모를 때 자신의 증상에 맞는 '어떤 것'을 달라는 의미입니다. for 뒤에 자신의 상황이나 상태, 병명을 넣어 말하면 됩니다. 만약 약 이름을 안다면 Do you have Advil?처럼 약 이름을 말해도 됩니다.

독감에 먹을 만한 약 있나요?
Do you have something for the flu? flu 독감

눈이 가려울 때 먹는 약 있나요?
Do you have something for itchy eyes? itchy 가려운

기침날 때 먹는 약 있나요?
Do you have something for a cough? cough 기침

근육통에 듣는 약 있나요?
Do you have something for muscle aches? muscle ache 근육통

코가 막혔을 때 먹는 약 있나요?
Do you have something for a stuffy nose?
stuffy nose 막힌 코

특급 대화

A: Can I help you find anything?
B: **Do you have something for a cough?**
A: We do. We have some cough drops.
   Try these. They work really well.
   drop 물약 work 효과가 나다

A: 무엇을 도와드릴까요?
B: 기침약 있나요?
A: 네, 기침에 쓰는 물약이 있어요.
   이거 드셔 보세요. 아주 효과가 좋아요.

특급훈련 1 다음을 따라 말하고, 해석해 보세요.

1. Do you have something for itchy eyes?
2. Do you have something for a stuffy nose?
3. Do you have something for the flu?
4. Do you have something for a cough?
5. Do you have something for muscle aches?

특급훈련 2 힌트 단어를 예문에 넣어 영어로 말해 보세요.

1. 숙취에 먹을 만한 약 있나요? *a hangover*
2. 복통에 먹는 약 있나요? *stomachaches*
3. 두통에 듣는 약 있나요? *headaches*
4. 소화불량에 먹는 약 있나요? *indigestion*
5. 배탈에 먹는 약 있나요? *an upset stomach*

⭐ 약국을 나타내는 *pharmacy*와 *drugstore*

pharmacy나 drugstore는 둘 다 '약국'인데, drugstore가 더 규모가 크고 약 종류도 많습니다. 참고로 영국에서는 약국을 주로 pharmacy라고 합니다. 약국에 가서 진통제를 살 때 pain killer [reliever]라고 해도 되고, 진통제 브랜드 이름을 말해도 됩니다.

| 소염 진통제 | Ibufen [이부펜] | Tylenol [타이레놀] | Advil [애드빌] |

특급패턴 098 Do I take this...? 이건 ~복용하나요?

약을 사는 것도 중요하지만, 잘 복용하는 것도 중요합니다. Do I take this...?는 약을 하루 몇 번이나 복용해야 하는지, 언제 복용해야 하는지 등을 물어볼 때 쓰는 패턴입니다.

이 약은 식전이나 식후, 언제 복용하나요?
Do I take this before or after meals?

이 약은 하루에 두 번 복용하나요?
Do I take this twice a day?   twice 두 번 a day 하루

매 식후 30분 후에 이 약을 복용하나요?
Do I take this 30 minutes after each meal?

이 약은 잠을 자기 전에 복용하나요?
Do I take this before I go to bed?   go to bed 자다

이 약은 편두통이 있을 때마다 복용하나요?
Do I take this whenever I have a migraine?
whenever ~할 때마다 migraine 편두통

A: Do I take this before or after meals?
B: After. Thirty minutes after if possible.   if possible 가능하다면
A: Okay. Thank you.

> A: 이 약은 식전에 복용하나요 식후에 복용하나요?
> B: 식후요. 가능하면 식후 30분 후요.
> A: 알겠습니다. 감사합니다.

특급훈련 1

다음을 따라 말하고, 해석해 보세요.

1 Do I take this 30 minutes after each meal?
2 Do I take this whenever I have a migraine?
3 Do I take this twice a day?
4 Do I take this before or after meals?
5 Do I take this before I go to bed?

특급훈련 2

힌트 단어를 예문에 넣어 영어로 말해 보세요.

1 이 약은 식전이나 식후, 언제 복용하나요?   *옆을 보지 말고, 외워서 말해 보세요.*
2 이 약은 하루에 세 번 복용하나요?   three times a day
3 매 식후 30분 후에 이 약을 복용하나요?   *옆을 보지 말고, 외워서 말해 보세요.*
4 이 약은 아침 식사 전에 복용하나요?   before breakfast
5 이 약은 설사를 할 때마다 복용하나요?   whenever I have diarrhea

★ 이 표현도 알아 두면 Great!

3시간마다 두 알씩 드세요.
● Take two pills every three hours.

혹시 다른 약 복용하고 계신 거 있나요?
● Are you currently taking any medications?

이거 어린이용인가요, 아님 어른만 먹어야 되나요?
● Is this for children or adults only?

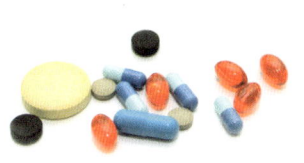

특급패턴 099

What do you mean...?
~가 무슨 말이에요?

상대가 한 말이 이해가 안 가거나 믿기지 않을 때는 What do you mean...?으로 다시 물어보세요. what do를 생략하고 You mean...?이라고 말해도 됩니다.

좌석이 없다는 게 무슨 말씀이죠?
What do you mean there are no seats available?
available 구할 수 있는

제가 추가로 돈을 내야 한다는 게 무슨 말씀이죠?
What do you mean I have to pay extra?
pay extra 별도로 돈을 내다

세금 환급이 무슨 말이죠?
What do you mean by a VAT refund?
VAT 부가 가치세 refund 환불

제가 2개 이상 살 수 없다는 게 무슨 말씀이죠?
What do you mean I can't buy more than two?
more than ~보다 많은

여기 이건 어떤 말인가요?
What do you mean by this here?

A: What do you mean there are no seats available?
B: Sorry, but it's all sold out. A group of five people came and bought all the remaining tickets.
A: I mean, when I called you 10 minutes ago, you said there were five seats available.

A: 좌석이 없다는 게 무슨 말씀이죠?
B: 죄송하지만 표가 다 팔렸습니다. 단체로 다섯 분이 오셔서 남은 표를 다 사가셨거든요.
A: 10분 전에 제가 전화했을 때는 좌석이 다섯 개 남아 있다고 하셨잖아요.

특급훈련 1 다음을 따라 말하고, 해석해 보세요.

1 What do you mean I can't buy more than two?
2 What do you mean I have to pay extra?
3 What do you mean by this here?
4 What do you mean there are no seats available?
5 What do you mean by a VAT refund?

특급훈련 2 힌트 단어를 예문에 넣어 영어로 말해 보세요.

1 제 이름이 없다는 게 무슨 말씀이죠? *you don't see my name*
2 제가 돈을 더 내야 한다는 게 무슨 말씀이죠? *I have to pay more*
3 그게 재고가 없다는 게 무슨 말씀이죠? *it's out of stock*
4 제가 5개 이상 살 수 없다는 게 무슨 말씀이죠? *I can't buy more than five*
5 여기 이건 어떤 말인가요? *옆을 보지 말고, 외워서 말해 보세요.*

★ 이 표현도 알아 두면 Great!

이건 제 비행기가 연착되었다는 말인가요?
ⓒ Does this mean my flight is delayed?

잠시 뒤에 다시 와주실래요?
ⓒ Can you come back in a few minutes?

제가 갖고 있는 주소가 틀렸다는 말씀이신가요?
ⓒ Do you mean I have the wrong address?

Why is...? 왜 ~한가요?

Why is...?나 How come...?(어째서 ~하죠?)을 활용해서 부당한 처사에 대해 이유를 묻고 컴플레인을 걸 수 있습니다. 참고로 How come으로 말할 때는 How come it is cold?(어째서 추운 거죠?)와 같이 뒤에 '주어+동사' 순서로 말해야 합니다.

왜 아직 제 방이 준비가 안 된 거죠?
Why is my room not ready yet? ready 준비가 된 yet (부정문·의문문에서) 아직

왜 아직 제가 주문한 게 준비가 안 된 거죠?
Why is my order not ready yet? order 주문

제 커피가 왜 미지근한 거죠?
Why is my coffee lukewarm? lukewarm 미지근한

여기 왜 이렇게 춥죠?
Why is it so cold in here? cold 추운

그건 왜 그렇게 비싼 거죠?
Why is it so expensive? expensive 비싼

A: Excuse me. **Why is my coffee lukewarm?**
B: I'm sorry. I'll make you another one. I apologize. another 또 하나의 apologize 사과하다
A: That's fine.

 A: 죄송한데, 왜 제 커피가 미지근한 거죠?
 B: 죄송합니다. 다시 한 잔 만들어 드릴게요. 사과드립니다.
 A: 괜찮아요.

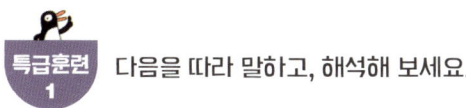 다음을 따라 말하고, 해석해 보세요.

1. Why is my order not ready yet?
2. Why is it so cold in here?
3. Why is my room not ready yet?
4. Why is it so expensive?
5. Why is my coffee lukewarm?

 힌트 단어를 예문에 넣어 영어로 말해 보세요.

1. 왜 아직 제 방이 준비가 안 된 거죠? — 옆을 보지 말고, 외워서 말해 보세요.
2. 왜 아직 제가 주문한 게 준비가 안 된 거죠? — 옆을 보지 말고, 외워서 말해 보세요.
3. 제 커피가 왜 이렇게 뜨거운 거죠? — my coffee too hot
4. 여기 왜 이렇게 덥죠? — it so hot in here
5. 그건 왜 그렇게 비싼 거죠? — 옆을 보지 말고, 외워서 말해 보세요.

★ 이 표현도 알아 두면 Great!

저희 음식이 나오는 데 왜 이렇게 오래 걸리나요?
◎ Why is it taking so long for our food to come out?

제가 주문한 건 언제 나오나요?
◎ When is my order coming out?

죄송하지만 제가 리필해 달라고 한 걸 깜빡하신 듯 하네요.
◎ Excuse me. I think you forgot my refill.

I lost my... 제 ~를 잃어버렸어요

lost(잃어버린)를 활용해서 물건을 분실했다고 말하는 패턴입니다. 원래는 I've lost my...라고 하는 게 맞지만, 대화 시에는 have를 생략하고 말하는 경우가 많습니다.

제 방 열쇠를 잃어버렸어요.
I lost my room key.

제 전화기를 잃어버렸어요.
I lost my phone.

제 여권을 잃어버렸어요.
I lost my passport.　passport 여권

제 표를 잃어버렸어요.
I lost my ticket.

제 짐을 잃어버렸어요.
I lost my luggage.　luggage 짐

A: Excuse me. **I lost my ticket.**
B: I can print one for you again. Can I see your passport?　print 인쇄하다
A: Here you go.
B: Thanks. Here's your ticket. Don't lose it this time.

　　A: 죄송합니다만 제 표를 잃어버렸어요.
　　B: 다시 뽑아 드릴 수 있어요. 여권 좀 보여 주시겠어요?
　　A: 여기 있습니다.
　　B: 감사합니다. 여기 고객님의 표입니다. 이번에는 잃어버리지 마세요.

 **특급훈련 1** 다음을 따라 말하고, 해석해 보세요.

1 I lost my phone.

2 I lost my room key.

3 I lost my ticket.

4 I lost my luggage.

5 I lost my passport.

특급훈련 2 힌트 단어를 예문에 넣어 영어로 말해 보세요.

1 제 가방을 잃어버렸어요.   bag

2 제 탑승권을 잃어버렸어요.   boarding pass

3 제 지갑을 잃어버렸어요.   wallet

4 제 노트북을 잃어버렸어요.   laptop

5 제 배낭을 잃어버렸어요.   backpack

★ 경찰에 신고하기

소매치기가 많은 나라에서는 늘 소지품을 신경 써야 합니다. 물건을 잃어버렸다면 경찰에 신고하고, 여권을 잃어버리면 현지에 있는 한국 대사관에 방문해야 합니다.

경찰에게 신고하다
◎ report to the police

대사관
◎ embassy

대한민국 대사관
◎ Embassy of the Republic of Korea

MORE 위급사항에서 꼭 쓰는 단어와 표현

부상

부상 injury
멍이 생기다, 타박상을 입다 bruise
멍이 든, 타박상을 입은 bruised
부러진 broken
깁스 cast
깁스를 한 in a cast
목발 crutches
삐다, 접지르다 sprain
붕대; 붕대를 감다 bandage
반창고 Band-Aid

증상

아프다 ache
알러지가 있는 allergic
천식 asthma
두드러기, 발진 hives
가려운 itchy
약간 어지러운 lightheaded
탈수증에 걸린 dehydrated
토하다 vomit [throw up]
열 fever
열이 나는 feverish
독감 flu
감각이 없는 numb

통증 pain
목이 따갑다[아프다] have a sore throat
감기에 걸리다 have [catch] a cold
식중독 food poisoning
부작용 side effects
부은 swelled [swollen]
증상 symptom
혈압 blood pressure
딸꾹질, 딸꾹질을 하다 hiccup
트림하다; 트림 burp
일사병, 더위를 먹음 heatstroke
차멀미를 하는 carsick
배멀미를 하는 seasick
멀미 motion sickness

병원·약국

환자 patient
의사 doctor [physician]
약국 pharmacy [drugstore]
처방(전) prescription
응급(상황) emergency
응급실 ER (emergency room)
가족력 family history
병력 medical history

증상

식중독에 걸린 것 같아요.
I think I got food poisoning.

차멀미가 나요.
I'm getting carsick.

팔다리에 두드러기가 났어요.
I have a rash on my arms and legs.

몸에서 열이 나요.
I have a fever.

머리가 너무 아파요.
I have a terrible headache.

기침이 멈추질 않아요.
I can't stop coughing.

안약 있나요?
Do you have any eye drops?

복용법

이거 밤에 먹는 건가요, 아님 낮에 먹는 건가요?
Is this for nighttime or daytime?

졸리지 않은 걸로 있나요?
Do you have anything non-drowsy?

얼마나 먹어야 하죠?
How many do I have to take?

분실

여권을 못 찾겠네요.
I can't find my passport.

누가 제 가방을 가져갔어요.
Somebody took my bag.

누가 제 선글라스를 훔쳐간 거 같아요.
I think someone stole my sunglasses.

지갑을 어디에 떨어뜨렸는지 모르겠어요.
I don't know where I dropped my wallet.

버스에 전화기를 두고 내렸어요.
I left my phone on the bus.

어쩌다 잃어버리셨나요?
How did you lose it?

11 SPECIAL STORY

감사

고마운 마음을 전하는 한 마디

'말 한마디에 천냥 빚도 갚는다'는 속담이 있죠? 여행지에서는 누구에게든 도움을 받을 일이 생깁니다. 그럴 때 고맙다는 말을 습관처럼 할 수 있게 연습해 보세요.

Thanks.
Thanks a lot.
Thanks a bunch.
Thanks much.
Thanks a million.
Thank you so much.
Thank you very much.

Thanks. I appreciate it.(고마워. 정말로.)처럼 뒤에 I appreciate…을 붙여서 말하기도 합니다. '오히려 내가 더 고맙지.'라고 말하고 싶을 때는 Thank YOU.[땡ㅋ유]라고 YOU를 강조해서 말하면 됩니다. '땡'보다 '유'를 끌어 올리면서 강조하듯이 발음하는 거예요.

Thank you.에 대한 대답이 언제나 You're welcome.일까요? 이 표현은 잘 모르는 사람에게 격식을 갖추고 말하는 상황이나 상대가 거듭 고마움을 표현할 때 정말 괜찮다고 응수하는 상황에서 씁니다. 평소에는 아래에 있는 다른 표현을 많이 쓰니까 참고하세요.

격식
Don't mention it.
Not at all.
My pleasure.

천만에요.
뭘요.

비격식
It's all right.
It's nothing.
No problem.
Not a problem.
Sure.
Sure thing.
Of course.
You bet.
You betcha.
Um-hmm.
Yep.

아니에요.
괜찮아요.

상대방이 미안하다고 할 때는 아래의 표현으로 답하면 됩니다.

That's okay.
That's fine.
It's all right.
No worries.
Don't worry about it.

괜찮아요.

여행 전, 영어 미로에 빠졌다면?

**〈여행영어 특급패턴 101〉로
영어 미로에서 탈출하세요!**